Mind Magic

The Neuroscience of Manifestation
and How It Changes Everything

Mind Magic

The Neuroscience of Manifestation
and How It Changes Everything

Mind Magic

The Neuroscience of Manifestation and
How It Changes Everything

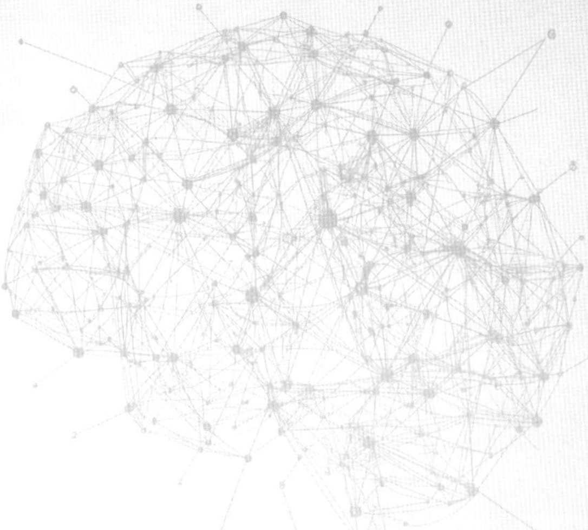

用心智魔法練習幸福，實現你想要的一切

精準顯化六步驟

史丹佛教授暨神經外科醫師
詹姆斯・多堤 James R. Doty, MD——著　鄧捷文——譯

【目錄】

引言：眞正的祕密　007

第一章　走出廢墟：我究竟顯化了什麼？　023

◆【練習】我已經顯化了什麼？　041

第二章　神經網路與振動：顯化的生理學　047

◆【練習】放鬆身體　071

第三章　第一步：重拾集中注意力的力量　083

◆【練習】建構內在力量　103

第四章　第二步：釐清自己真正的渴望　107
◆【練習】你眼中的成功是什麼模樣？　113
◆【練習】誘發正面情緒　123
第五章　第三步：消除心中的障礙　133
◆【練習】信念及其相反面　150
◆【練習】自我憐憫　159
第六章　第四步：將意圖嵌入潛意識　167
◆【練習】將意圖視覺化　190
第七章　第五步：滿懷熱情追求目標　195
◆【練習】我的意圖如何造福眾生？　205
◆【練習】掃描共時性　212

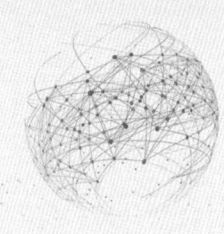

第八章　第六步：放下期待，接納心的魔法　219
◆【練習】放下期待，迎接魔法　238
結語：回家的路　245
附錄：心的魔法——六週計畫，掌握顯化　251
致謝　313

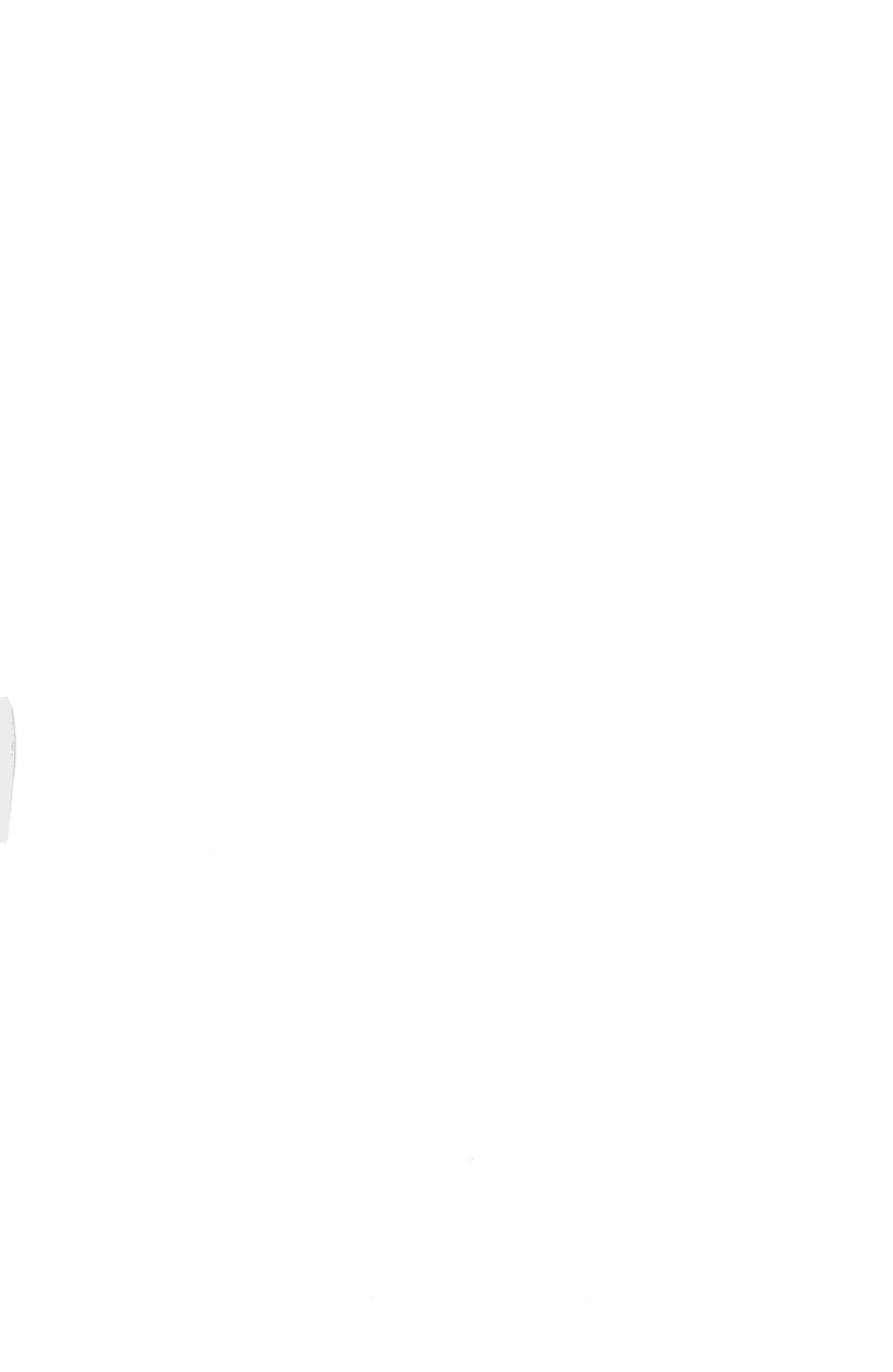

引言
眞正的祕密

宇宙根本懶得理你。

這其實是個好消息，雖然聽起來不太像。宇宙根本懶得理你，不是因爲你不值得，或者跟宇宙合不來，也不是因爲你的祖宗十八代被下了詛咒。不是的，宇宙不在乎你，是因爲它本來就沒什麼好在乎的。

多數人被教導將人生寄託於外在事物，期待它能解決問題，並使我們變得圓滿：中獎的彩券、全知全能的睿智先知、精神導師、守護天使，或是某種神祕的存在、力量、能量或精靈，就靜靜坐在宇宙某個角落，可以爲我們解決一切疑難雜症。多年來，我也渴望能相信這件事。我曾以爲，宇宙中有位嚴父正監視著我們的一舉一動，會決定我們是否配得上夢想中的房子、是否該遇見靈魂伴侶或能否治癒癌症。身爲神經科學家與治療師，我現在明白沒有證據能證實這種力量或存在，但有**大量科學證據證明人們內心擁有強大的力量，能爲人生創造出原本看似不可能發生的改變**——這就是顯化的實踐。

顯化是「練習幸福」

在當代流行文化中，顯化是個令人困惑的概念，所以在更深入探討之前，我想先說明一下這個詞的意思：**顯化是將某個意圖加以定義，藉此讓它嵌入你的潛意識中**，也就是大腦在意識層面以下所運作的部分。透過這種做法，可以啓動大腦中與目標導向相關的區域，進而讓這個意圖對大腦來說變得重要、顯著或值得關注。就實際而言，代表無論這個意圖是否存在於意識層面，都能讓大腦聚焦於自身目標的機制，隨時處於啓動狀態。我們的人生由內在意圖所引導，透過利用內在力量啓動大腦中龐大的資源，將漸漸停止對外界環境做出反應，開始順從最深層的意圖來生活。

事實上，成功顯化的第一步，就是把自己和「我的問題需要透過外在資源來解決」的信念分離，並了解顯化並非依賴外在資源來達成。如果你想過著豐盛、別具意義又繁榮的人生，並不需要安撫任何超越自己以外的力量。只需要相信，你的幸福與成功都來自你的內心。其實，阻止你獲得理想人生的阻礙，都來自你的大腦，而偏偏這個大腦又能帶來讓你實現理想人生的意圖——這才是眞正的祕密。

你必須在乎自己，這才是眞正的魔法。

我之所以這麼說，是因爲我不但是神經外科醫師、研究過人類的大腦，也是神經科學家，曾花費數十年探究人類心智，同時也是精神治療師，曾經和達賴喇嘛與其他精神領袖共事，教導過成千上萬的人學習憐憫，更是親身體驗過深刻教訓的人類。

顯化的重點在於：**對不同的可能性，培養出堅定的信念。**我年幼時，曾深刻意識到負面環境對生命有多大的局限。我是窮人家的小孩，父親酗酒，母親長期深受憂鬱症所苦，並有自殺傾向。在這種環境下長大的我，總覺得生命是種懲罰、詛咒，或者在最糟的情況下，是種沒有條理或意義可言、各種隨機與混亂的組合體。或許你也曾在看似雜亂無章的人生中掙扎，苦尋不著事件背後究竟有什麼意義，或者疑惑為什麼你和心愛之人必須承受莫名其妙的痛苦，偏偏又無力改變。這些掙扎會讓你對不同可能性的視野變得越來越狹隘。

許多年來，我允許環境左右我的人生，從不認為自己能創造任何有意義的改變。人經歷創傷時，往往會有這種情況：內心被痛苦和震驚所主宰，讓人難以去挑戰、也害怕面對如此權威的存在。這股痛苦的力量不只足以改變基因，甚至還會影響後代的基因，而表觀遺傳學領域的研究人員也確實發現了這種現象。我們的身心會為此做好準備，以免未來再次遭遇類似的創傷；在此過程中，意識會被困住，不斷對不可靠的外在世界做出被動的反應，而無法主動想像能夠做出的改變。我們因此消耗了原有的能量、注意力和焦點，結果反倒無法眞的改變人生——我們的注意力放錯地方，忽略了自身的力量。我們在不知不覺中交出了與生俱來的自主權，只換來迷人的幻想。這是場不平等的交易，卻也沒辦法責怪任何人。

世界的確可能極度不公平，而這種不公可以摧毀一個人的夢想。儘管我也曾覺得這個世界辜負了我，但我現在很清楚，世上有無數人遭遇了更大的不公不義，無論在個人或整個體系而言都是如此。他們生活的社會創造了結構性的障礙，無論是由於種族、社會階級、宗教、性傾向、性別表現或其他各種武斷的評判準則，都壓抑了他們顯化的能力；還有些人深受身體或心理疾病所苦，遍尋不著舒緩之道。顯化並非解藥，更不是萬靈丹，它跟所有人類行為一樣，會受到無數非人力所能控制的因素影響；而無論我們的意圖是什麼，最後仍然是現實說了算。

話說回來，我曾聽過一個感人的故事，主角是一位越戰戰俘，抱持著「長期非特定樂觀主義」的心態。他並不知道會不會得救或何時會得救，並清楚意識到自己對眼下的處境無能爲力：反抗只會喪命，或因絕望而失去求生意志。相反地，他有意識地練習樂觀心態，讓自己抱持希望，相信有可能迎來轉機。他並非顯化最後重獲自由的樣貌，而是利用心智的力量對於可能性保持信念，因此獲得了強大的韌性。當他最後終於獲釋時，樂觀的心態也成功幫助他重新振作，建立嶄新的人生。

因此，我認爲顯化在本質上是在**練習幸福**，藉此與世界產生互動並過著美好的生活。我們可以透過實踐顯化，培養所謂的「樂觀傾向」（dispositional optimism），這指的是一種整體性格，代表期望在人生中各個重要領域獲得良好的結果。研究顯示，樂觀傾向能帶來大量的健康益處，從改善心血管到提升傷口癒合的速度，甚至還能夠延緩病程。有些人可能會認爲，物質成果是決定顯化成功與否的唯一標準，但我認爲這種觀點並不正確。透過不斷將意圖視覺化，可以讓我們以愉快的心態面對生活，始終相信一切都會變得對我們有利，無論面對何種外在環境都能保持應變能力和強大的韌性，這才是顯化帶給我們眞正的禮物。

顯化的傳統、謬誤及科學進展

顯化的實踐可以追溯到幾千年前。現今對於顯化的許多觀念，都源自印度傳統中的《吠陀經》。在《剃髮奧義書》（*Mundaka Upanishad*）中有這麼一段話：「悟性純粹的人，無論在心中描繪出何種世界、懷抱著何種願望，都能征服那個世界、實現那些願望。」（3.1.10）。佛陀對於思想如何影響我們所體驗的世界，也有過類似的評論，他說：「若一個僧人不斷追求念頭與思索，那就會成爲他覺知的傾向。」

在十九世紀，名爲「新思維」的靈性運動從各種宗教與哲學來源汲取靈感，包括煉金術、新英格蘭超驗主義、基督教福音書和印度教等，形成了「吸引力法則」（Law of Attraction）的概念。吸引力法則的核心理念，是相信思想能決定我們在生活中所迎來各種體驗的性質：正面的思想能帶來正面體驗，負面思想則會帶來負面體驗。新思維運動爲西方關於顯化的流行文學奠定了基礎，相關著作包括：拿破崙·希爾的《思考致富》（*Think and Grow Rich*）、諾曼·文生·皮爾的《積極思考的力量》（*The Power of Positive Thinking*），以及或許是最著名也最具爭議的大作——朗達·拜恩的《祕密》（*The Secret*）。

吸引力法則的概念讓許多人對顯化的本質產生糟糕的誤解。首先，有人把它跟某種自利繁榮的信條扯上關係，而這種信條在現今的物質主義文化中立刻受到吹捧，讓人相信可以藉由致富、住進豪宅和開上昂貴的汽車來創造幸福，找到人生的意義，並產生實現願望必須做出的實際行爲改變。此外，它還散播了一種觀念，暗指我們所經歷的痛苦和不公不義的境遇，完全都是由自身的思想所導致，這項謬誤的殺傷力或許是最大的。我希望本書分享的內容能協助你重新塑造顯化的觀念，讓你將其視爲一條道路，指引你邁向有意義、有目標的人生，最終實現眞正重要的事物。

多年來，顯化常被局限在和占星術、塔羅和對水晶力量的信仰等新時代領域的範疇，當中充斥著各種僞科學和陳腔濫調。直到不久前，都還無法透過科學手段來研究大腦將意圖轉化爲現實的具體過程。然而大腦成像技術的顯著進展，徹底改變了一切，讓我們能觀察大腦在細胞、基因，甚至是分子層面是如何發生轉變。現在可以從認知神經科學的角度來談論顯化，並探討大規模大腦網路的機能。因此得以證明，顯化既不是快速致富的方案，也不是某種錯誤聯想下的美夢成眞系統，而是大腦在改變、療癒和自我改造方面的超凡能力，又稱爲「神經可塑性」（neuroplasticity）。

重塑大腦的超能力

神經可塑性是個總稱，概括了大腦在一生中根據經驗而修正、改變和調整其結構與功能的能力。這項超能力會受到各種體驗、反覆發生和自我意圖所塑造，使大腦形成新的神經迴路，同時刪除再也用不到的老舊迴路。我們可以透過重新引導注意力來改變大腦，在有助於學習、表現和實現夢想的大腦區域創造出更多灰質。大腦在適應過程中會發生改變，藉此對於像帕金森氏症、慢性疼痛和注意力不足過動症等疾病產生顯著且積極的影響。神經可塑性就像一部引擎，**能在不斷練習之下，透過意圖的力量改變思想和大腦，進而顯化我們想像的現實。**

顯化的本質是一種過程，意指把自己渴望的生活化爲念頭和影像，再刻意地嵌入潛意識中。我們其實已經會以某種形式，無意識地顯化儲存在內心的意圖，但往往是在未經訓練且不知情的情況下進行，因此通常只能帶來偶然、模糊且無法聚焦的成果。爲了有意識地進行顯化，必須重新掌握內在的力量，藉此引導注意力。在過程中，也必須了解它和人類這個物種之間的關聯、了解具有顯化能力的生理機制，並且摸清楚有哪些障礙和錯誤的信念會使力量受到局限，藉此學會駕馭這股力量。有意識地將注意力集中在渴望的目標上時，我們所喚醒的影像會對大腦產生重大影響。在大腦內植入影像的過程，稱爲「價值標籤」，也就是大腦會透過這種方式來決定，哪些事物的重要性值得刻劃在最深層的潛意識中。練習視覺化時會喚起強大的正面情緒，而這類情感會觸發「選擇性注意」系統，彷彿有位檔案管理員將我們渴望的目標貼上高價檔案的標籤，並將它們與獎勵系統相互連結。說來驚人，視覺化之所以有效，是因爲大腦無法區分哪些是來自眞實的、實際的經歷，哪些只是出於內心的強烈想像。

一旦目標被植入潛意識裡，大腦就會像獵犬一樣開始尋找實現目標的機會，並將意識與潛意識的力量全部投入搜索作業。當機會出現，我們就會察覺並做出回應，接著採取必要行動來朝目標推進。我們會不斷重複這個過程。一旦做了所能做的一切來顯化目標，必須接受我們已經盡力了，不再對結果執著。顯化有自己的時間表，可能與我們的時程不同。而且現實是，並非所有的目標都會顯化——會這樣通常有許多原因，而這些原因在當時並不明顯。

真正的魔法在你心中

我在第一本書《你的心，是最強大的魔法》（*Into the Magic Shop*）裡頭提到，我小時候發生過一次命運的邂逅，改變了我的一生。我的家鄉在加州的高原沙漠地帶，從小在貧困又痛苦的家庭中長大，我一直覺得受到詛咒，永遠只能過著卑微的人生，無法擺脫殘酷的環境。某個炎炎夏日，我的父母吵了起來，我騎上腳踏車用最快的速度離開家，把自己搞得滿嘴塵土，最後騎到了一間魔術用品店，從此一切都變得不同。我遇見一位善良的女性，名叫露絲，穿著藍色寬鬆連身裙的她拿著一本平裝書，抬起頭來。她的眼鏡架在鼻梁上，掛鍊繞著脖子，對我露出燦爛又溫暖的微笑。不知爲何，她的笑容讓我感到莫名安心，給了我安全感。露絲告訴我，這家店的老闆是她兒子，而且她對魔術一竅不通。聊了約二十分鐘後，露絲說那個夏天她會待在鎮上六週，還說如果我每天都來店裡，可以教我另一種「魔術」。接下來的六週，露絲用吃不完的巧克力豆餅把我餵飽，並且教我學會了她所謂的「眞正的魔法」：幫助我放鬆身體、沉靜心靈、敞開心胸，並將意圖化爲具體形象、徹底視覺化的技巧。在那段歡樂時光中，我都在魔術用品店後頭的房間，坐在棕色絨布地毯上的金屬椅上，與露絲面對面，這也是我對於神經可塑性的初體驗。露絲的善良與關懷重新塑造了我的大腦。

儘管我最初感到猶豫、困惑和害怕，但露絲教會我如何與思維保持適當的距離，進而看清思維的本質：不過就是一個個在我腦中轉瞬即逝的念頭罷了。起初，那些令人害怕的聲音和災難般的畫面在我腦中浮現時，我總是本能地產生恐懼或抗拒的反應，但後來我學會了，可以用正面、自我肯定的想法來取代負面的念頭；我可以放下那個告訴我「像你這種人永遠不會有成就」的聲音，並用另一種聲音取而代之，而這個聲音就來自我心目中過著理想生活的**自己**。我發現可以透過不斷重複和強烈的意圖來重塑大腦，形成新的神經路徑，朝著自我療癒的方向前進。在露絲的幫助下，我意識到內在的力量。

顯化的關鍵不是渴望，而是注意力

我當時並不明白，露絲教我的其實是如今稱爲「顯化」（manifestation）的玩意兒。儘管露絲和她所分享的內容確實帶有某種神奇的意味，但她的建議卻非常實際，某種程度上是在幫助我探索人類大腦和內心的力量，而這一切甚至遠遠早於我成爲神經外科醫師的日子。在露絲的善良和關懷下，我全心投入渴望的未來願景中，而這正是我將想要的生活顯化爲現實的第一步。我從完全依賴外在世界的指引，變成每天練習與內在自我親密對話來做出選擇。

這是個艱難的挑戰，我也時常想要放棄。每當我變得不耐煩時，就會想起露絲告訴我：「詹姆斯，耐心，要有耐心。你一定要有耐心，要改變你的大腦絕不是一朝一夕。」

培養耐心眞的很難，尤其我當時並不明白發生了什麼事，也不知道未來會變成怎樣。但我還是學會保持耐心，學會專注於當下並用心傾聽——或者說在那個時候，我覺得我已經用心傾聽了。

露絲的善良、陪伴和耐心，改變了我的人生軌跡，她的教導幾乎成爲我往後人生中一切成就的基礎。終於，我用露絲教我的方法，走出了高原沙漠的家鄉到大學就讀，接著進入醫學院，之後接受神經外科醫師的訓練，最後成爲成功的醫療企業家。然而在這段過程中，我失去了和內心的連結，付出了慘痛的代價，不僅造成經濟上的損失，更危及我最親密的人際關係。

露絲不斷強調敞開心胸的重要性。無論我想追求什麼目標、渴望實現多麼崇高的理想，她總是會引導我的心，回歸到和自己與他人之間眞誠的連結。也因此我時常感到遺憾，這種「魔法」原本就存在每個人的心中，卻常常被誤解、被商業化，或被描述成只有某些人才能觸及的把戲。雖然我們的文化通常把顯化理解爲獲得財富和資產的手段，而且只有少數幸運的人才能成功，但我將其視爲能促進繁榮、圓滿，並抱持開放心態與世界相互交流的日常實踐。而當所謂的「成功神學」（prosperity gospel）試圖說服我們，渴望是顯化的主要驅動力時，我想告訴你，能否**妥善引導注意力**才是驅動顯化的關鍵。

顯化的六個科學步驟，將你想要的變爲現實

當我剛開始撰寫《你的心，是最強大的魔法》時，完全沒料到它會有這麼大的影響力。我從沒想過，最受歡迎的韓國流行音樂團體「防彈少年團」，會從我的書中獲得靈感，創作出第三張專輯《Love Yourself: Tear》、錄製出單曲〈Magic Shop〉，也不曾想過我會和演員喬．漢姆（Jon Hamm）討論把我的故事改編成電影，或是有位十六歲少女會根據書中的「心的字母表」（Alphabet of the Heart），打造出一款手機應用程式。說實話，不管書賣得如何，我當時只覺得要是那本書能讓某個人的生活變得更好，那就夠了。打從書出版以來，我收到了成千上萬的讀者來信，每天都有兩百到三百封

新訊息湧入電子信箱。有些來信寫在隨手撕下的黃色便籤上，有些則用書法寫在精美的手工紙上。有些信件來自日本、羅馬尼亞、南非，甚至我在加州北部的鄰居也都寫了信來。我的故事引起這麼多真誠的回應，我因此明白，必須堅信即使在最絕望、無助和恐懼的時刻，我們也並不孤單。每個人的身上都有傷痕，而當我們誠懇地訴說自己的故事時，這些創傷就成了彼此建立深刻連結的橋梁。

當我聆聽讀者對《你的心，是最強大的魔法》的回應時，我發現有許多訊息來自活在苦難中的人，都想找到內在的力量來自我療癒並改變現狀，讓生活變得更好。每個人的處境也許各不相同，但彼此的渴望卻相似得令人驚訝。他們特別想了解，該如何透過視覺化來顯化自己的夢想。《你的心，是最強大的魔法》講述了我如何顯化願景的旅程，先是談到我如何走出貧困、邁向富裕，接著又失去財富，最終回歸露絲所教導的眞諦，回歸那顆慈悲的心。這是我的人生故事，充滿了獨特性：有高潮、有低潮、有機運，當然也有挫折。

然而，《精準顯化六步驟》是關於你的旅程。在本書中，我將向你展示如何利用大腦的力量將你的意圖轉化爲現實，並從神經科學的角度精確闡述背後的運作機制。我會引導你藉由我和許多人遵循的六個步驟，來將你的意圖顯化爲現實。我根據身爲神經科學家與冥想實踐者對心靈的畢生研究，制定出這些步驟。這六個步驟涵蓋顯化過程中的各個面向：**重拾集中注意力的力量、釐清自己眞正的渴望、消除心中的障礙、將意圖嵌入潛意識、滿懷熱情追求目標、放下期待，接納心的魔法。**我也分享了不同類型的轉變故事，希望能啓發你開始活出自己的故事，並提筆記錄下來。

幾年前，還無法根據神經科學上的最新見解，將顯化運作的框架完整呈現出來。而現在，我們已經能夠突破僞科學與神祕主義，揭開具體的大腦機制，了解露絲教導我的放鬆、放下、慈悲與視覺化背後的原理。我希望透過清楚呈現顯化背後的科學原理，讓讀者不僅相信如此實踐的效果，還能學以致用地自我療癒、改變生活，並且了解自己的力量，進而改變自己的世界。

顯化並不是社會上少部分菁英專屬的能力，而是一種再平等不過的實踐方法，**所有人都用得上**，因爲它的力量並不受到每個人目前的身體、心理和情感狀況所限制。因此，本書也提到來自各行各業的故事，包括好萊塢巨星、神經學表現特異的青少年、波里尼西亞的領航員老手和富有遠大抱負的醫學院學生，看看其他人在目前對神經科學已知的相同框架下，如何運用這些原則來顯化他們的意圖。

最後，我希望藉由開誠布公自己犯過的錯誤，幫助讀者避免走上相同的路，畢竟我們必須判斷眞正值得追求的目標，以及什麼才能帶來眞正的幸福。

我在書中囊括了一些實踐方法，有助於你釐清目前的狀況，並幫助你朝目標前進。我把這些內容放在解釋過程中適當的時機點，方便你融會貫通。不過在最後的〈附錄〉裡，我也將這些步驟統整成為期六週的實踐計畫，讓希望能更正式投入實踐的讀者參考。

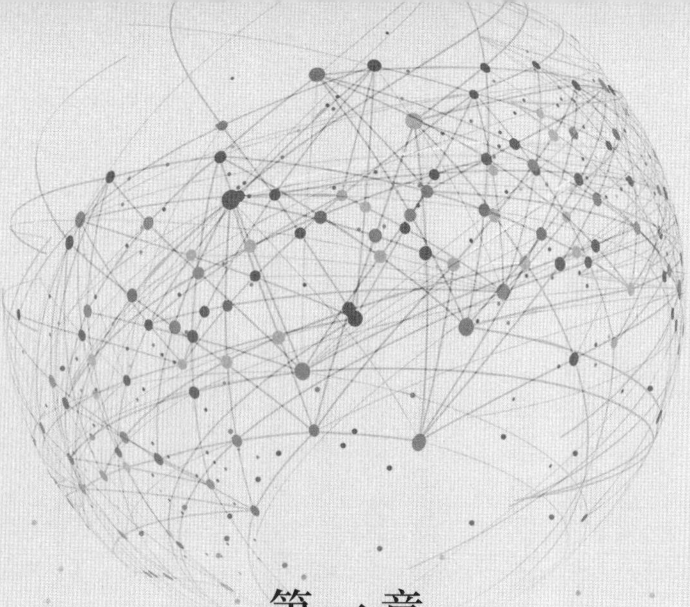

第一章

走出廢墟

我究竟顯化了什麼？

我們必須認知自我人生中的眞實處境，並從中汲取生活的力量和行動的理由。

——西蒙．波娃

顯化財富之後……

無論你知不知道或相不相信，你都已經在顯化自己的人生。問題在於，這是你想要的人生嗎？

讓我們回到二〇〇〇年，當時網路泡沫剛剛破裂。有天早上我醒來時，手上握有七千八百萬美元的財富，除了一棟位於佛羅倫斯的別墅，還有一座位於峭壁上、俯瞰著紐波特灣、占地七千五百平方呎的科德角式豪宅。我的大車庫裡停著一輛法拉利、一輛保時捷、一輛賓士、一輛BMW和一輛荒原路華。而且我才剛支付了一筆頭期款，買下一座位於紐西蘭、占地六千五百英畝的小島。沒錯，一座附帶四間房子、還有湛藍海水不時拍上沙灘、與世隔絕、專屬於我的私人島嶼。我以爲我早已把童年的貧困遠遠拋在腦後。

我一直渴望和努力爭取的一切似乎都已經實現。然而，就像許多曾經相信矽谷帶來無限可能的人一樣，我也看到了另一個殘酷的現實，因爲我所有的淨資產在僅僅六週內全部消失殆盡。那就像是一場噩夢，但我卻從沒這麼清醒過，而且每天都不斷迎來更多的壞消息。

我用手中一家醫療科技公司的股票作爲抵押，向矽谷某間銀行借了一千五百萬美元。當時我有好幾個月都沒有和銀行行員聯絡，但當我的手機在那天早上響起了無數次時，我知道自己無論如何都逃不過這個下場。

「喂？」

「詹姆斯，」他裝出銀行行員一貫爽朗的音調說著，「你好嗎？」

他對答案心知肚明。他追蹤網路泡沫危機已經很久了，而且很清楚我的抵押品幾乎一點價值也不剩了。他對我說了我早就知道的事。

「詹姆斯，除非你還有其他我不知道的資產，否則你已經破產了，還背了一屁股債。」他停頓了一下，接著說：「我們該怎麼辦？」

「全都賣了吧。」我簡短地回答。

「聽起來你別無選擇。」他說，「我們過幾週後再談吧，到時候一切應該會更加明朗。」

沒多久，我被迫賣掉佛羅倫斯的別墅，也放棄購買紐西蘭那座「我的」小島，還賣掉了所有汽車，只留下一輛，並且把那棟俯瞰紐波特灣的豪宅拿到市場上賣。當時房子並沒有人住，我跟妻子已經分開，女兒在外地念大學，我則住在矽谷，在朋友創辦的醫療科技公司擔任執行長。我百般不情願地回到那棟空蕩蕩的房子，準備掛牌出售，並面對證實我美夢破滅的殘酷證據。當我的車即將開到家裡時，我看見妻子當初充滿熱情、細心栽培的花園。原本繁茂的植物都已經枯萎，看見葉片凋黃的杜鵑花和低垂的山茶花，就知道那位曾經許諾會定期照料花園的園丁已許久不曾上門。整棟房子看起來就像被遺棄了一樣。

最讓我心痛的，是家裡所缺少的那個人。每個房間的牆上都釘著釘子或掛鉤，卻一張照片也沒有。妻子離開時，帶走了家裡所有的照片，任何能讓人想起這裡曾經冒著人間煙火的事物也隨之而去。在房子正中央的客廳裡，壁爐架上方有個方形的曬痕和一個掛鉤，上頭曾經掛著一幅裱框畫作，那是我們珍藏的植物圖，出自巴伐利亞大師巴西里烏斯．貝斯勒（Basilius Besler）筆下的鳶尾花球根，我們在佛羅倫斯一間隱蔽的古畫店裡發現了這幅畫，也是我們其中一趟尋畫探險中的寶貴收穫。

那是段歡樂無比的時光。我們在一家店裡找到幾幅十六和十七世紀的舊地圖，我們都很喜歡，我也全都買了下來。我記得當時有多開心，妻子也很開心。我還記得我們搭了頭等艙，也住了五星級飯店。妻子轉頭對我說：「謝謝你。」

隨著我們越來越疏遠，那些久遠的美好回憶，和如今我們之間的沉默與充滿怨恨的憂慮形成強烈對比。我們最後變得不再親密，我也不斷接下更多手術，把長時間的工作當作藉口，逃避著不去修補兩人之間已然失去的羈絆，還有她曾經對我說的那句話：「我已經不認識你了。」每每想起這些事，我總是忍不住眉頭深鎖。

我經過女兒的房間，看著她的床和房裡所有家具。我走上前坐在床上想著她，想著我們在這間房子裡有過的許多回憶，但也記得她離開時對我說：「我不會想念這裡。」起初我並不懂，但後來才明白，她的感受是源自我和她母親之間的關係。我不自覺地開始從生活中抽離。即使在家庭生活中，我的心思也總在別的地方：不是被拽回以往痛苦或理想化的回憶中，就是在期待下一場手術、下一個榮華富貴的里程碑，期待終於能讓我感到富足無虞的那一刻。在這段過程中，我忘了享受手中的所有、忘了和我想要共同打造這一切的人建立羈絆。

走過中央的大客廳，經過一旁的小客廳，我心中播放著一張張過往人生的幻燈片，如今這一切都已經結束。我經過書房，裡頭擺著一大張海軍藍高背沙發椅，椅子上還有黃銅飾釘，我曾經坐在上面喝波特酒、抽著從雪茄盒裡拿出來的雪茄，那個雪茄盒是我在以主席身分爲「大哥大姊基金會」舉辦的拍賣會上買的，盒上的銘牌還刻著我的名字。每當我坐上那張椅子並拿起一根雪茄，我都會看著那塊銘牌，覺得自己尊貴非凡。我再次坐上那張椅子，用手指撫過銘牌，這次我不再覺得自己哪裡尊貴、哪裡非凡，只覺得渺小。

現在只剩我一個人，這棟房子感覺起來既荒謬又鋪張。房間似乎都大得過頭，除了虛浮的氣氛什麼也沒有。我就像個小人偶，在這座塞滿冗餘配件的巨大玩偶屋裡漫遊。家具出奇地虛幻，我的內心深處浮現出兒時的感官記憶。貧窮是種悖論：一方面，空氣中充滿巨大的沉重感，彷彿是令人無法逃脫的重擔；但另一方面，一切又帶著奇怪的輕盈感，彷彿隨時都會被風吹走。

我曾經汲汲營營地工作，爲家人建立穩固的基礎，因爲我的原生家庭經歷過多次動蕩。沒有比被逐出家門更讓人蒙羞和屈辱的事了。副警長帶著驅逐令上門，我們的家當全都被丟在人行道上，左鄰右舍紛紛投以好奇或同情的眼光，我多希望媽媽能幫我們找到棲身之所。我還記得，我跟媽媽就坐在馬路邊的沙發上，周圍堆滿我們家所有的東西。當時姊姊已經搬出去了，哥哥也不在家。他總是會在這種時刻離開，或許是爲了保護自己，又或者是不想在街坊鄰居的圍觀下感到尷尬或丟臉。

媽媽勾著我的肩，對我說：「沒事的，兒子，一切都會好起來。我們會有地方住的。」

你想要的，未必是你所需

在我還小時，時常趁著哥哥不在家偷偷溜進他的房間，在堆積如山的書籍和雜誌中翻閱舊版的《建築文摘》。哥哥是位了不起的藝術家，總是能找到一些奇珍異寶來激發自己的創造力。當我看到雜誌裡哪間房子有讓我感到特別溫馨或誇張的細節，例如有座能俯瞰大海的屋頂眺望臺，或是能讓家庭聚會充滿溫暖的吸睛壁爐，我就會把那頁偷偷撕下並收藏起來。說到我的收藏，我都收在一個綠色厚紙板資料夾中，再藏進放襪子的抽屜裡。當然，那些雜誌大多來自六〇到七〇年代初期，當時完美的美國家庭形象毫不留情地主宰著我的童年想像。隨著歲月流逝，我仍然蒐羅了不少關於建築細節的檔案，所以當露絲要我構思想要的家時，有許多記憶都能讓我汲取靈感。

在我腦海中所浮現的影像，是我站在科德角式大宅的陽臺上，眺望深藍色的海水。夜復一夜，我反覆想像自己站在同一個地方，感受著海風掠過臉頰的刺痛、品嘗著舌尖上的一抹鹽味，並凝視著波濤洶湧的海浪深處。事實上，我將所有感官投入其中，經歷了栩栩如生的場景，以至於當我實際置身那棟俯瞰紐波特灣的科德角式大宅、站上屋頂眺望臺時，幾乎一點也不感到驚訝。更精確地說，我的大腦安然接受了這番體驗，並伴隨著舒適的熟悉感和認同感。

透過在清晨和失眠的夜晚所進行的冥想和視覺化練習，我重組了我的大腦，藉此熟悉了自己的夢想。這是顯化的其中一個悖論：早在我真正買下之前，我的豪宅、屋頂眺望臺和海風吹拂的景象，就已經從原本虛無飄渺的幻想轉變成唾手可得的現實。在我真正走上陽臺的那一刻，我的大腦早已預期我會出現在這裡。正是這種期望，再加上潛意識每天二十四小時想實現願景的專注力，讓我的豪宅成了自我實現的預言。

我被這趟舊宅之旅壓得喘不過氣，坐在房子正中央的樓梯頂端，雙手抱頭，疑惑著接下來該怎麼做。出於對妻子的怨恨，我的肩膀不自覺略略聳起，因爲她不僅留下了一片空虛，也留下了一大堆讓我痛苦又艱難的事情。我的喉嚨緊了起來，因爲我無比思念正在讀大學的女兒；我的下巴也緊咬不放，因爲我對自己怎麼會把這一切搞砸憤恨不已。

我的思緒飛快地跳躍，想到待辦事項、想到我的苦楚，再想到對未來的憂慮。但到最後，我腦海中浮現一個問題：「我漏掉了什麼？」感覺就像我對某位病患實施了所有必要的治療，但他卻依然在我的照護下過世。我做好了每一件事，也得到了想要的一切，卻沒有因此成功，反而在某種程度上失敗了。我所達到的成功理當是我人生體驗的巔峰，我卻感覺像是墜入了谷底。

正當我嘗試完成待辦清單時，答案出現了。在努力完成諸多事項的過程中，我來到堆滿老舊物品的儲藏室，移開了一箱書，不經意瞄到某個更珍貴的玩意兒，是個雪茄盒，也是我十二歲時用來保存珍貴物品的盒子，上了大學後我就再也沒打開過。我坐在儲藏室地板上，把盒子放在腿上並打開蓋子，塵封已久的微弱麝香撲鼻而來。我在盒子裡找到我念高中時的班戒，上頭嵌著一顆帶有切割雕花的紅寶石；皺巴巴的塑膠假拇指套，我以前會用來表演魔術把戲，讓圍巾或香菸消失；還有最珍貴的，是那本破舊的黑白花紋筆記本，裡面寫著我和露絲在一起時的所有大小事。

我快速翻閱著筆記本，發現了我的願望清單：

上大學
當醫生
一百萬美元
勞力士
保時捷
豪宅
小島
成功

我在童年的字跡中看到其他詞語，而我認為這些隻字片語正是源自露絲的智慧：

心的羅盤。你想要的，未必是你所需。

傷人者往往是那些受傷最深的人。

我低頭看著裝著珍貴物品的雪茄盒，心頭一緊，因爲我意識到即便擁有榮華富貴，但在某種程度上，只有這個十二吋小盒子裡所裝的東西才是眞正屬於我的一切。人能擁有的事物，**無法超出自己所能愛的範圍**，而我從來沒像第一次寫下目標清單時那般敞開心扉。我的豪宅、我的小島、我的車，甚至是我的家庭，都擠不進我這顆狹窄的心，而現在它們正離我而去，也許能被眞正有能力承載的人找到。

起初，我急於找到某個人或某件事來背鍋。我的思緒開始拼湊過去，使勁想抓住某個明確的罪魁禍首。我人生中大部分的時間，都在等待某個父親形象來告訴我該怎麼生活。我曾經以爲應該會出現可靠的人生嚮導，告訴我在各種情況下該怎麼做、照顧我、愛護我，教我如何成爲自己期望中的人。我的父親在這方面並不稱職，頂多是個勉強維持父親功能的酒鬼，他在還有工作時就是個月光族，所以我們家也只能勉強度日。可悲的是，每當他這份工作終於持續了幾個月，看似一切即將雨過天晴時，他總會再次大喝特喝，把所有的錢花光後酩酊大醉地回家，或是好幾天不見人影。可想而知，這種行爲代表他又丟了飯碗，所以害怕又羞愧得不敢回家面對我們。我們常常搬家，從某間乏味的公寓搬到另一個不知名的地方，我們總是希望他能找到穩定的工作，但這個願望從來不曾實現。

更糟的是我媽媽曾經中風過，她大部分的時間都躺在床上逃避，且心情時常因爲憂鬱症盪到谷底，甚至試圖了結自己。我常覺得自己像是一片被霉運吹著走的葉子，就像五〇年代美國情景喜劇裡的童星，每件事最後總是以悲劇收場。我覺得宇宙老是跟自己唱反調，彷彿我做了什麼得罪它的事，一切都是我的錯，但我又無法確定自己到底犯了什麼罪，也無法讓一切回到正軌。我身邊沒有大人替我瞻前顧後，導致我的責任感過度發展，心理也嚴重失衡。在不知不覺間，我的負面思維就像地下電臺毫不手軟的DJ，肆無忌憚地轟炸我的腦袋。負面念頭影響了我與外界大部分的互動，並造就了使我陷入一連串痛苦與不幸的體驗。這些痛苦的感受不斷回流到我的大腦及全身，讓我一直用篤定又眞切的負能量來看待這個世界。

在我實現了內心所有象徵成功的表徵後，我想相信露絲的魔法已經療癒了我，想相信自己已經放下了童年的幻想，不必再追求更加優渥或是不同以往的過去，我已經取回自己所有的力量，邁開腳步向前走了。如果都這麼做了還無法圓滿，那肯定是其他地方出了問題。於是，我試著把責任推給大腦，但這並不是它的錯，畢竟我的大腦和潛意識都忠實地執行了我所下達的指令，而且帶來的物質成就遠超過我最瘋狂的夢想。勞力士金錶緊緊套在我的手腕上，我的車庫裡停著法拉利、BMW和保時捷。更別說以前的我只能窩在小公寓裡反覆翻著《建築文摘》，窗外唯一的景色不是另一間公寓背面毫無生氣的米白色大牆，外帶一塊堆滿垃圾桶的空地，就是另一頭那片一望無際、除了風滾草以外什麼都沒有的沙漠，而如今書上那棟豪宅也已經來到我的腳下。**我的大腦是我忠誠的僕人，它從未質疑我的意圖或動機，而是單純滿足了我的要求。**

我的大腦只是在履行職責。要在腦中創造新的神經通道，需要極大的紀律和孜孜不倦地反覆練習；如果缺乏妥善照料，這些通道就會像林中小徑一樣變得荒蕪。儘管露絲的心念技巧爲我帶來了繁榮與成功，但在我破產時，也已經有許多年不曾練習過了。隨著願望清單上的事項一個個達成，我對自己顯化渴望的能力越來越有信心，也不再積極遵循露絲的訊息——到頭來，我越來越少練習露絲的技巧。

你或許也曾在多年前接觸過某種實踐法，或是在經歷過某次靈性體驗後改變了對自我的認知，但如今你卻發現自己和它日漸疏遠，或是已經難以讓它融入生活。這就像酒癮一樣：不喝酒的時間越長，就越覺得自己不再需要參加戒酒團體。回頭想想，原來我已經忘了露絲的教誨有多麼重要。

我正在顯化自己的不幸

由於疏於實踐，先前在露絲帶領下歷經變革而澄靜下來的心思與撫慰感也不再眷顧我，我只能獨自面對家庭瓦解、財富蒸發和資產清算的衝擊。最重要的是，我不得不面對這個現實：一直以來，我的內心彷彿迴盪著一段殘酷又負面的獨白，而我曾經敞開心胸來平靜腦海中那股無情的聲音，但如今的我已然失去了如此強大的習性。少了憐憫這帖良藥，藏在我內心深處那不斷自我批評、自我懷疑的惡習，逐漸以報復般的姿態捲土重來：**你不夠好，像你這樣的人永遠不會有成就。你永遠無法成功。**我在物質層面上一度吹響勝利的號角，硬是壓過了內心轟隆作響的自我批判聲；但後來它又逐漸回到我的耳邊，就像語帶威脅的檢察官，每每在我出席華麗晚宴或開著跑車沿著海岸高速奔馳時，在我腦海中不斷低語。最後，它來到幕前指著我的鼻子厲聲斥責，就像小時候那樣。

這股聲音來自露絲所說的「心靈創傷」，不但讓我心生恐懼，也迫使我想要證明它是錯的。假如我能說服全世界相信我夠好、相信我成功了，就能一勞永逸地讓這股聲音永遠沉默，至少我是這麼想的。我之所以追求物質上的成就，最根本的原因是我迫切想逃離內心的折磨者、那個讓我羞愧的聲音。諷刺的是，雖然內心的苦楚驅使我不斷追求更多亮麗的新玩具，但在我埋頭奔向下一個新玩具的同時，卻忘了心中那份苦楚。我記得唯一一次對露絲撒謊，是我向她拍胸脯保證，我在確立意圖之前已經敞開了我的心；但我並沒有意識到，我從那一刻起就不斷延續著這個謊言。

如今，我以醫師的身分回顧過去，把自己視為正在經歷重大疾病的患者。這個「疾病」叫作羞愧，主要症狀是缺乏自我價值感。當初年僅十二歲的我還沒本事做出準確的診斷，我以為自己的病叫作貧窮。基於這個假設，我認為最好的治療方法就是累積社會認定的成功標記。我替自己開了一帖藥方，把內心自我批判的聲音當成動力，踏上全心全意追求物質成就的道路。然而由於我的診斷治標不治本，同樣的病根一直存在，並在缺乏治療的多年後越來越嚴重，等到終於爆發時，我已經淪落到在人生的廢墟中盲目徘徊的地步。

心血管阻塞常見的治療方法是血管成形術，其中包括將一顆小氣球插入阻塞的動脈中將其擴張。而為了保持動脈通暢，外科醫師會置入一個金屬網狀支架。雖然每年有數百萬人接受血管成形術，但事實上這種手術只能消除胸痛並暫時提供緩解，而且許多人在一年內就必須更換支架。其實最根本的原因在於你忽略、不斷否定或是壓根就不明白，自己有哪些習慣或情緒問題會導致心臟內的斑塊堆積。如果你不做出改變而繼續做著同樣的行為、過著同樣的生活，你將無可避免需要另一個支架。最後你只能面臨兩種選擇：從根本解決問題，或是走向死亡。

我不斷追求物質成就，藉此逃避內心的羞愧感，本質上就等於透過心臟支架來獲得短暫的舒緩。一直以來，名為羞愧的疾病不斷阻礙了我與生俱來的自我價值感。某種程度上，我是對自己眞正的病根視而不見。事實上，以這種方式過活的人並非只有我一個。數百萬人都活在充滿否定和錯誤期望的迷霧之中，對自己眞正的問題並不全然了解，或是根本不想了解，就這麼跌跌撞撞地日復一日，滿心期望能迎向光明的未來，卻只能在發現自己反覆經歷同樣的故事時感到困惑。對許多人而言，他們正在**顯化自己的不幸。**

我坐在儲藏室的地板上，終於審視了我的人生，這才看到自己活成了什麼模樣。我看見自己念完大學、從醫學院畢業，看見自己的婚禮、對未來的期望、女兒的出生，看見我以神經外科醫師爲業、成爲成功的創業家，也看見自己離婚、和女兒變得疏遠，再看見現在的孤寂與失敗。我花了太多時間生動地描繪著未來的成功，以至於從未親眼見證當下的人生。就在那一刻，十二歲的詹姆斯和四十四歲的詹姆斯一起坐在樓梯的最上階，彼此對視，臉上露出同樣疑惑的表情：「我漏掉了什麼？」

我開始哭泣，看見了自己錯過的東西。我曾希望擁有一間大房子，大得足以彌補我們家所承受過的苦難，就這方面而言，我的確如願以償。我在心中描繪的意念是一棟豪宅，而不是一個家，但在我的內心深處，我最渴望的卻是家的體驗：安全感、歸屬感、羈絆和溫暖。那是種爲了心愛之人而存在的體驗，照顧他們、被他們照顧、分享他們的痛苦、陪伴他們。我顯化了自身夢想的外在表象，卻忘了補上讓夢想之所以有意義所不可或缺的人和情感。我忘了滿足我內心的渴望。

我走上屋頂眺望臺，最後一次遠眺這片海灣。我第一次想像自己最終要住的家時，最深刻的畫面就是我站在陽臺上眺望著紐波特灣，而我已將這幅景象顯化成現實。我能看見麗都島，還有巴爾博亞半島，周圍停著一艘艘華美的帆船，像是在彰顯各自的主人過著多麼奢華閒適的生活。

冷靜思考，重拾內在羅盤

我在陽臺上四處張望，看見一把椅子，坐了下來，閉眼思考了一會兒，突然聽見後方傳來一些聲音。回頭一看，發現有一窩負鼠藏在壁緣和滅火器後面的縫隙裡。

這間空房對那隻母負鼠來說肯定是誘人的避風港。小負鼠的叫聲聽起來像是人類在打噴嚏，而我坐在椅子上，感覺彷彿在偷聽一場小孩的生日派對，只是大家都感冒了。在我面臨把家裡給清空的工作時，不禁對這隻負鼠建立家園的勤奮感到驚嘆。牠是多麼煞費苦心地用尾巴搬運葉子、草、樹枝、苔蘚和樹皮，在沒有建築學或室內設計文憑的情況下，打造出完美的避風港，用來呵護自己年幼的孩子，直到牠們準備好外出冒險。

我知道當時自己就像處於自由落體運動，內心只想趕緊找個柔軟的東西抓住：我該怎麼處理負鼠的窩？動物管制單位不知道要多久才能來視察，就算相關人員來了，會透過人道手段處理嗎？我不能就這樣把無助的幼崽丟出去挨餓、受凍，甚至被吃掉。這棟房子是我和過往人生之間僅剩的連結，也是阻止我走向新生活的羈絆，無論未來會是什麼模樣我都放不下。只要那個窩還在，我就不會離開這棟房子，也沒有勇氣離開。

「該死，你們這些混球！」我對著負鼠大吼，絲毫不在意鄰居會不會聽見，或是覺得我瘋了。

「讓我走吧，拜託。」我心裡雖然這麼想，但我知道，不能就這樣走掉。是時候面對現實了，應該再次爲我的人生負起責任，接受我現在的樣子。我曾經得到自以爲想要的東西，但這一切卻帶來許多我未曾預料過的問題。**是我顯化了這些問題**，而我現在的任務就是解決問題。事實上，只要沒處理好以前的問題，無論新的人生是什麼模樣，我都沒有辦法親眼見證。我的人生表面上看似已經全然崩潰，但在我的內心深處，儘管該有的情緒反應一樣也沒少，但我其實還撐得住。縱使百般不幸帶來了各種負面情緒，對我的身心都引起一定的反應，但我還是有辦法將意識和這些反應隔絕。而我唯一能說服體內神經系統的方法，就是讓自己冷靜下來。我需要放輕鬆，深深吸氣、吐氣，釋放那股緊繃感，才能用清晰的腦袋來思考。

稍微研究過後，我設了一個陷阱來活捉母負鼠，裡頭鋪了一些碎報紙，再放了幾片蘋果。負鼠是夜行性動物，所以我必須熬夜並且確保牠跑進陷阱裡。接著我戴上園藝手套，我得確定幼崽沒有被留在窩裡，或是被丟在滅火器後面的陽臺上。當我確認所有負鼠都在之後，我把陷阱放上車，一路開到海邊的林地裡。我把籠子放在地上，打開門，負鼠媽媽小心翼翼爬了出來，在附近的地上一直聞著，光禿禿的尾巴高高捲起，負鼠寶寶都藏在牠的育兒袋裡。短短幾週後，原本只有蜜蜂那麼大、沒有聽覺又沒有嗅覺的幼崽，將會變得獨立並展開屬於自己的冒險。牠們擁有既強大又可靠的本能，而且從不質疑自身的能力。身爲人類的我們有著異常龐大的大腦，多年來又不斷經歷各種對環境產生的反應和調適，更需要爲自己與生俱來的智慧而奮鬥，重拾傾聽和順從內心指引的能力。

我預祝這些負鼠能順利展開新生活，接著回到我空蕩蕩的家，也準備踏上新的人生。

人類是不完美的生物，而**我們的欲望通常也不完美**。當我們幻想擁有一輛法拉利時，總會想像自己馳騁在高速公路，享受著自認爲財富所能帶來的無拘無束的自由，而不會想像沒人和我們分享這段冒險旅程的痛苦。當我們幻想能住進豪宅時，總會想像家庭生活既溫馨又充滿活力的畫面，不會想像家庭因爲缺乏親暱感而支離破碎，以致我們必須獨自面對賤賣房產的處境。我們會想像渴望的事物，不會想像背後伴隨而來的複雜性。我們會想像屋頂眺望臺的走道，不會想像負鼠。

我在下個階段的人生中想要顯化什麼樣的願望呢？在我開始思考這個問題前，我必須先了解自己**已經**顯化了什麼，並以清晰的頭腦和開放的心來評估它的價值。有什麼已經成功了，又有什麼尚未實現？在顯化這棟空蕩蕩的豪宅、破碎的家庭和人生這條死胡同的過程中，我扮演了什麼角色？我的思維、未經審視的信念，以及內心尚未完成的念想，究竟是如何促成這番困境？

練習：我已經顯化了什麼？

在這項練習中，邀請你透過清澈和憐憫的心來評估自己的現狀。這個階段的目的在於不帶評判的眼光，盡可能客觀看待目前的人生處境。隨著揭露正在顯化的人生面向，你將會發現自己也許在某些地方壓抑了內在的力量。不用急著想立刻改變什麼，你現在要做的，就是提供自己友善且清晰的覺察。

1. 做好準備

①找個適合練習的時間和場所，確保不會受到打擾。

②別在壓力大、有其他事情分心、二十四小時內曾經飲酒或使用娛樂性藥物，或是疲累的時候進行練習。

③手邊準備一疊紙張和一枝筆。

2. 開始放鬆

①以輕鬆的姿勢坐著，閉上雙眼幾分鐘，讓思緒平靜下來。

②坐直並持續閉上雙眼，用鼻孔緩慢吸氣，再用嘴緩慢吐氣，以這種方式呼吸三次。重複相同呼吸方式直到覺得舒適且自然。

③現在從腳趾開始放鬆全身肌肉，由下一路往上放鬆到頭頂，並且在專注放鬆身體的同時感覺越來越輕鬆、越來越平靜。在此過程中，你會發現有股平靜感包覆著你，讓你感到安穩無比。隨著你繼續緩慢吸氣和吐氣，你不再擔心別人會評判你、批評你的夢想和志向。

④持續緩慢吸氣、吐氣，感覺全身舒適，徹底放鬆。

3. 觀想你的人生（視覺化）

①現在溫和地喚起你過往的人生重點：你主要的人際關係是什麼？你的工作

是什麼？你在哪裡生活？留意在思考這些問題時油然而生的情緒。不要刻意停留在某一幅景象或某個念頭上，只要略爲思索，是哪些重要元素使你的人生走到今天的模樣。持續幾分鐘。

②允許任何情緒自然浮現並流過你的內心。你也許會注意到各式各樣的感受：歡喜、滿足、悲傷、挫折、乏味、憤怒。接納這些情感，接納你人生中的各種細節，讓此過程多持續幾分鐘。

4.更全面性地視覺化

①繼續瀏覽你的人生圖像。你可以反思這些問題：對你來說，誰是重要的人？你在乎誰？你覺得和他們有眞正的羈絆嗎？你的工作是什麼？能否滿足生活所需？如果有其他人需要依靠你，你的工作能否滿足他們的需求？你每天花時間進行的事情，是否對你有意義並令你感到滿足？你對自己生活的地方有什麼想法？你在這些地方時有什麼感覺？

②觀想你在自己人生中的樣子，留意內心浮現的景象。用內心的眼睛審視你的人生。在緩慢吸氣、吐氣的同時，試著想像每一個細節。持續緩慢地呼吸。

③現在你可以看見所有的細節，慢慢睜開眼睛並繼續緩慢呼吸，慢慢吸氣、

吐氣。你覺得放鬆又平靜。

5.將你的觀察記錄下來

①拿起紙筆，用至少五分鐘的時間，把你在觀想人生時所看到和感覺到的一切，以自己的話寫下來。寫得越鉅細靡遺越好。要寫成幾個句子或是一整段話都可以，重要的是你寫下自己眼中的人生，寫下你對人生的感受。

②現在閉上雙眼單純地坐著，用鼻孔吸氣、用嘴吐氣，緩慢呼吸三到五次，接著睜開雙眼。

6.回顧你寫下的內容

①首先，在心中默唸寫下的字。

②接著大聲讀出自己寫的內容。

③閉上眼睛，花幾分鐘靜靜坐著，回想自己的人生圖像。

7.反思你的人生

①接下來，花點時間反思一下，你的選擇爲當下的人生帶來了什麼。哪些是你出於自我意識的抉擇？哪些是你允許別人替你做出的決定，或是你單純選擇了比較輕鬆的路？

②倘若你的人生不是期望或想像中的樣子，你在促成這種結果的過程中扮演

什麼角色？不需要爲造成今天的人生感到害怕或自責，這項練習的目的單純只是爲了探尋事實。也許感覺不太像，但你其實已經踏出了第一步，並且終將重拾內在力量，開始塑造自己的人生。

8. 體察你的練習成果

①感受眞誠審視自己的人生所帶來的力量和掌握感。你的人生已經開始轉變。

在回顧人生時，你注意到什麼？哪些方面引發了你強烈的情感？如果讓你感到痛苦，你可能會想讓它成爲顯化的焦點。若你回想起來感到溫暖和喜悅，我邀請你有意識地時常將這些畫面帶入腦海，並感受感激之情，因爲這些情感將成爲你強大的支持。

在你繼續閱讀的同時，保留在這次練習中寫下的筆記。見證你在人生中遭遇的困境也許會感到痛苦，但有意識地面對人生中的困境，也就是西蒙．波娃口中的「眞實處境」，才能將它們轉化爲沃土，進而孕育出你想要顯化的嶄新人生。認清自己的行爲模式，了解它如何在不自覺的情況下限制了你的未來，有時可能會令人感到屈辱。你也許可以將寫下的內容讀給信任的友人或導師聽聽，並分享這些發現讓你產生什麼感覺。和理解你目標的人一起練習，對於顯化你的意圖是無價的助力。這將會賦予你對於他人的責任感，並謀求你的人際關係來支持你的決心。

讀到本書結尾時，你可能會對已然發生變化感到驚訝，而且你在這項練習中付出的努力，將成爲你進步的絕佳基準。你或許也會發現自己已經在顯化許多事物，並把握機會對迄今爲止的努力表達感激之情，感謝生命賜予你的一切。

現在我們已經了解自己的起點，並清楚看見已經在顯化的人生，就可以開始創造自己想要實現的人生。但在踏上這趟顯化之旅前，得先了解我們所使用的這副軀體，了解它的設計原理從何而來，又是如何協同運作。

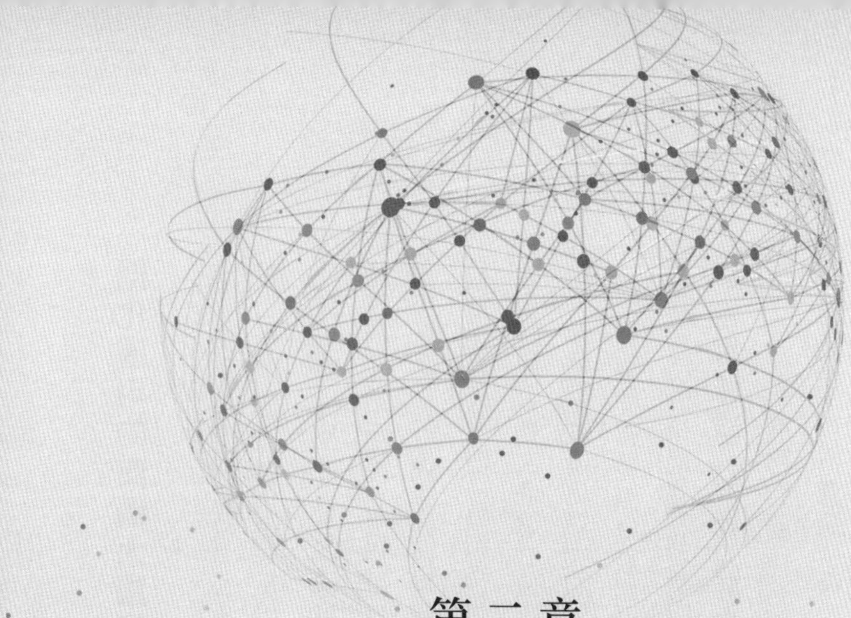

第二章

神經網路與振動

顯化的生理學

任何人都可以成為自己大腦的雕塑家——如果他願意。

——聖地亞哥·拉蒙-卡哈爾（Santiago Ramón y Cajal）

西班牙病理學家、現代神經科學之父

顯化運用的四個大腦網路

我在高中時認識了喬治．卡洛威，你或許也有像他一樣的同學。喬治是個充滿文藝復興氣息的全才型人物：所有成績都拿優等的學生、學生會長，還是三種運動的校隊成員。他可以從角落底線投中壓哨三分球、打出讓全場觀眾起立歡呼的滿貫全壘打，接著立刻回過頭來，用無可爭辯的說服力舉出反例，講述爲何應該廢除美國的選舉人團制度。無論你在哪裡看見喬治，他總能不費吹灰之力地在各種活動之間來回切換。當然，我曾經很羨慕他，偶爾也想看到他像普通人一樣摔個狗吃屎，證明他同樣也會犯錯，但大多時候我都對他感到佩服，無論參加哪個團隊、學生會或是應募款人所需參與慈善活動，他總是朝著更偉大的目標前進。

大腦裡頭裝滿無數個喬治．卡洛威。神經元是萬能運動員，能不斷根據需要產生的認知活動來組建和改變隊伍，包括解讀來自五感的數據、道德推理、識別行爲模式、記憶和直覺等。神經元群集會組合成不同的區域，並進一步構成所謂的「大規模大腦網路」。這些網路的運作就像能夠自我組織的卡洛威聯盟，可以相互協調工作並共同執行高階作業，打造意識中極其複雜的元素。

從神經科學的角度來看，大規模或「內在」網路是將透過功能性磁振造影、腦電圖、正子斷層造影和腦磁圖掃描技術發現的大腦廣泛區域集合在一起。每個網路在整體認知生產中各自扮演不同角色。大規模網路中的區域會表現出功能性連接關係，意味著它們在大腦執行某些高階認知活動時（例如處理圖像或回想記憶）會共同運作，這種作用已經過數據證實。神經元可能會根據情況重新組合，藉此提供大腦不同機能，就像NBA最佳球員共同組成全明星隊或奧運球隊一樣。大規模大腦網路是大腦運作的基石，而大腦網路活動的中斷與多種神經精神障礙有關，例如憂鬱症、阿茲海默症、自閉症類群障礙、思覺失調症、注意力不足過動症和躁鬱症等。

顯化主要運用四個大腦網路：**預設模式網路**、**中央執行網路**、**警覺網路**和**注意力網路**。正是這四個主要大腦區域的相互作用，再配合神經系統的兩個分支，使我們能夠將注意力放在意圖上，使大腦認爲它們相當重要，因而嵌入潛意識中，並運用自身的力量加以顯化。

我們對大腦的大規模網路互動方式已經有不少了解，但仍有許多未知的部分。我將概略說明這些各有不同的大腦網路，以及讓它們協同運作如何成爲內在力量的一環，使我們得以在顯化意圖時發揮最大的潛力。爲了理解這些網路和神經系統的合作方式，有個實際顯化的例子可供參考。

安努拉的顯化故事

安努拉從小在斯里蘭卡長大，由於內戰已持續多年，當時正處於政治和經濟動盪的時期。隨著時間經過，加上受到越發劇烈的轟炸行動，她的父親對國家的未來感到擔憂，越來越想移民到美國。安努拉的父母也覺得她和哥哥離開斯里蘭卡會有更好的教育機會。發生在二〇〇四年那場毀天滅地的海嘯補上了臨門一腳，終於在安努拉十五歲那年，她和家人一起移民到了美國。

雖然父母的決定是爲了提供更安全、資源更充足的環境，讓孩子能夠茁壯成長，但搬家的決定在短期內也對全家人的生活品質造成極大影響。安努拉的父親是微生物學家，曾經在斯里蘭卡從事傳染病研究，並且申請了許多和自身專業相關的工作，但最後在美國卻被迫在加油站工作並兼職開計程車。她的母親沒有上過班，爲了幫忙養家不得不找了份托兒所的工作。結果，他們的財務狀況變得不穩定。更糟的是，安努拉的母親被診斷出乳腺癌。由於沒有管道尋求高品質的醫療照護服務，無法讓母親接受專業醫生的治療，而每張醫療帳單都讓他們恐懼不已。

安努拉回想著說：「我記得媽媽有次把我叫到身旁，對我說：『你必須要闖出一番成就，因爲這次搬家讓我們全家付出了巨大的代價。』」

財務上的不安全感和尋求成功的壓力，讓安努拉備感沉重，她完全無法冷靜下來。她的杏仁核（也就是位於大腦兩個半球內那一塊狀似杏仁、負責偵查威脅的區域）一直處於過度活躍的狀態，讓她的內心無比焦慮，身體也充滿皮質醇這類壓力荷爾蒙。儘管她是在廣泛信奉佛教的國家長大，也曾接觸過冥想，甚至在學校裡接受過訓練，但來到美國後，日常生活的煩惱和問題讓她無暇鍛鍊精神。從高中到大學的過渡時期，對安努拉而言尤其辛苦，她不但是第一次離家，還被診斷出多種慢性疾病，並開始受到難以承受的焦慮和憂鬱所苦。

她說：「感覺就像身陷漩渦，不停地被拉向無底深淵。」

她從剛念大學就知道自己未來想要從醫，然而由於受到身心疾病所苦，再加上家庭不穩定所帶來的壓力，她的學業表現不盡理想。每當她即將參加考試，焦慮就會爆發，讓她內心充滿害怕失敗的念頭，以及對尷尬場面產生過度生動的想像。由於她的杏仁核持續處於受威脅的狀態，無法將注意力集中在意圖上。她的醫學院預科顧問每年都告訴她：「你的學業成績平均點數進不了醫學院。」她知道夢想無法實現，只能抱著空洞的渴望痛苦地生活下去。

大學畢業後，她在一間製藥公司擔任助理數據經理，打算繼續追求成爲醫生的目標。她試著參加醫學院入學考試，恐懼卻令她無法招架。極度的焦慮導致她出現了生理症狀：「我其實會想吐，開始來回踱步，而且根本無法集中注意力。我發現當壓力累積到這種程度時，的確會對我造成困擾，也確實傷害了我的自尊和自信，至少在當時是如此。這讓我有些動搖。」

有次她安排了考試，也確實即將前往應試，卻因太過緊張而在最後一刻取消。她回想著：「我還曾經這麼想，『噢不，我永遠進不了醫學院，一切都會因此崩潰，我會讓父母和親朋好友失望。對我而言，如果讓家中每個人都經歷這麼多痛苦，那一切都毫無意義。』」安努拉的身體狀況反映了她面臨的困境，讓她一直困在這個故事裡，認爲自己沒有能力改變人生。

在爲了擺脫困境而不斷摸索的過程中，她開始朝靈性層面探索，從占星術、投胎轉世到鬼魂等面向都不放過，這才讓她接觸到顯化的學問，特別是使用魔法這類話題。某天，她在工作的休息空檔，沒有多加思索就在 Google 上搜尋了「使用魔法進入醫學院」，因此找到我的第一本書《你的心，是最強大的魔法》，而我在書中提到，自己也曾多次被醫學院預科顧問告知成績不夠好，沒辦法進入醫學院。事實上，她還寄了電子郵件給我，說她也被醫學院拒絕過好幾次。她的故事打動了我，我回信給她，後來還通過電話，聊了幾次關於顯化的話題。

直到那時，她都以爲顯化只關係到崇高、遠大的精神目標，或是用來獲得富麗堂皇的財富。利用顯化來滿足眼下的需求並實現目標，例如繳房租或考進醫學院等，讓她頗有感觸，深深被觸動。當她得知能夠運用這些技巧一步步向前邁進，進而改善實際生活時，她對自己的信念產生了改變。

「我的意思是，這徹底顛覆了我的認知。」她告訴我。

由於她從小在佛教背景下成長，我書中提到的冥想練習特別引起她的共鳴。她立刻開始練習冥想和放鬆技巧，藉此處理過度焦慮和憂鬱的情緒。她逐步放鬆身體每個部位，讓神經系統平靜下來，內心逐漸安定，並將注意力集中於呼吸上。這麼久以來，這是她第一次感覺到思緒變得清晰。

交感和副交感神經系統

人類本來就不該長期處在壓力之中。如今有許多人深受慢性壓力所苦，從根本上而言，其實是人類神經系統與現代生活的互動所產生的不幸症狀。

人類擁有一束源自腦幹的神經，名爲自主神經系統，意思是它通常能在意識層面下自主運作。這部分的神經系統早在演化早期就已經發展出來，並包含兩個分支。首先發展的是交感神經系統，作用是確保生存和基因延續，主要功能是啓動「戰鬥、逃跑或僵住」反應，由杏仁核掌管。交感神經系統的「戰鬥、逃跑或僵住」反應在無數物種體內已經存在了數百萬年，這種反應是爲了應對攸關生死的局面所演化而成，因此是透過極短的神經元來傳遞，能夠在瞬間徹底徵召生理和情緒資源，讓身體充滿像皮質醇這類壓力荷爾蒙，並使肌肉緊繃起來，以利隨時行動。

之後人類神經系統進一步演化，增加了副交感神經系統，也就是所謂的「休息與消化」反應，作用是讓身體回到平靜的休息狀態，也被稱爲體內穩態（homeostasis）。切換爲「休息與消化」的狀態時會伴隨各種生理變化，藉此促進身體的平衡與和諧，像是肌肉放鬆、心跳減緩，且會產生更多唾液幫助消化。處於「休息與消化」狀態時，會感到冷靜、沉著、願意與他人和環境產生連結，而且能夠使用大腦新皮質的高階機能，包括抽象規畫、創造力和邏輯推理等能力。

這兩種反應之間的差別，對顯化過程極爲關鍵：只有轉換到神經系統的「休息與消化」反應時，大腦才會允許我們重拾注意力、發揮想像的力量，並解鎖潛意識。據傳維克多·法蘭克（Victor Frankl，意義治療創始人）曾說過：「刺激與反應之間存在一個空間。這個空間代表我們選擇反應的力量，而反應中蘊藏著成長與自由。」不過根據實際文字紀錄，這段話是出現在韋恩·戴爾（Wayne Dyer）的著作中。從這段話可以得知，是**選擇能力**讓我們能夠集中注意力，並左右解鎖後的潛意識來顯化意圖。

從安努拉受慢性焦慮所苦的故事可以得知，「戰鬥、逃跑或僵住」反應不應該處於持續啓動狀態。這種反應的功能是在受到壓力的情境下，例如遭遇敵對部落或逃避猛虎時，可以產生短期生理反應，隨後再迅速恢復平時的體內穩態。在人類祖先發生演化的非洲大草原上，雖然會消耗部分體力搜尋食物，但生命中大部分時間都處於休息狀態。危險往往發生在迅雷不及掩耳之間，而非像我們在現代世界這樣持續面對威脅。因此，身體的設計是能夠迅速回到休息狀態，以便從劇烈的情緒反應中恢復，並釋放如催產素和血清素等正面神經化學物質，以促進彼此之間友善和健康的羈絆。保持冷靜、滿足和關懷是人類物種的基本狀態。

演化是需要經過數百萬年來適應環境變化的過程，問題是人類在短短幾千年內就徹底改變了自己的生活環境。事實上，我們一直都過著以五十到一百人爲一組的狩獵採集生活，直到大約六千至八千年前才有所改變。不幸的是，如今步調快速又令人焦慮的世界充斥著各種不確定和挫折，這些都會觸發「戰鬥、逃跑或僵住」反應，再加上其他虛構、想像而來或微不足道的威脅，使得這種反應長期處於啓動狀態。實際上，每當看見同事在電子郵件中意有所指地批評我們時，就會啓動原本應該拿來面對劍齒虎襲擊的同一套反應系統。正如之後將會提到的，持續啓動「戰鬥、逃跑或僵住」反應，以及因此釋放的發炎性蛋白，都會對身體產生有害影響，包括增加心臟病風險和削弱免疫系統。慢性壓力讓我們在健康和壽命上付出了極大的代價。

雖然人類物種的生存大幅仰賴「戰鬥、逃跑或僵住」反應，但對於此刻的我們而言，這種反應在現代世界中已然成爲不合時宜的「演化包袱」。儘管「休息與消化」反應比較符合人類在現代世界生生不息的需求，但顯然我們的身體和心智還不打算對它言聽計從。

爲了更清楚神經系統如何運作，必須了解神經如何傳遞神經脈衝，那就是透過：神經傳導物質。「神經傳導物質」這個詞通常會與「荷爾蒙」互換使用，不過兩者其實有區別。神經傳導物質是從神經末梢釋放到神經之間的交界，也就是所謂的突觸間隙，而荷爾蒙則是直接釋放到血液裡頭。大腦中有超過一百種神經傳導物質，各自經過演化以調節各種機能，其中大多數都是在無意識的層面運作，包括心跳、血壓、消化作用、飢餓與口渴的感覺，以及我們對壓力的反應。

與快樂、幸福感和正面情緒有關的神經傳導物質主要有四種，可以說對人類的生存至關重要，分別是：多巴胺、血清素、催產素和腦內啡，一般通稱爲「快樂荷爾蒙」。多巴胺常被稱爲「獎勵化學物質」，因爲它和愉快、滿足、動力、維持「心流」狀態，以及學習和記憶有關。血清素常被稱爲「情緒穩定劑」，和幸福感、改善學習、記憶、睡眠調節、性行爲和食欲有關。血清素濃度低落時，常會引發憂鬱、焦慮、躁鬱

「戰鬥、逃跑或僵住」和「休息與消化」反應的生理學

自主神經系統分支	交感神經	副交感神經
主要活動	啟動身體的「戰鬥、逃跑或僵住」反應	調節身體的體內穩態和「休息與消化」反應
功能	控制身體在察覺威脅時的反應	控制身體在休息時的反應
神經通道	較短的神經元通道＝反應時間較快	較長的神經元通道＝反應時間較慢
身體反應	提升動作速度與緊張程度，提高警覺性；關閉非攸關生存的身體機能	回復平衡：身體恢復至平靜狀態
心血管系統（心率）	增加收縮並提高心率	降低心率
肺系統（肺臟）	支氣管擴張	支氣管收縮
肌肉骨骼系統	肌肉收縮	肌肉放鬆
瞳孔	瞳孔擴大	瞳孔縮小
唾液與消化作用	唾液分泌停止	唾液分泌增加；消化作用提升
腎上腺	釋放腎上腺素	無參與
神經傳導物質	腎上腺素及去甲腎上腺素（心率加快）	乙醯膽鹼（心率減緩）
蛋白質	促發炎性	抗發炎性

和其他心理問題。催產素被稱為「愛情荷爾蒙」，因為它和情感依戀、羈絆行為、親密感、認同感、信任感及性興奮有關。腦內啡被稱為「止痛劑」神經傳導物質，當身體感覺到痛苦或壓力時，就會釋放它來阻斷痛苦和壓力訊號，並減少不適感。大多數人對腦內啡的認識來自所謂的「跑者快感」，也就是劇烈運動後的愉悅感，不過性行為、冥想、吃巧克力和歡笑等也會釋放腦內啡。後續章節將會談到，我們需要透過正面情緒的體驗，教導大腦如何識別重要且值得追求的意圖，而神經傳導物質在此過程中扮演至關重要的角色。

嶄新的力量：擺脫焦慮，成功顯化

當安努拉感到些許輕鬆與平靜時，發現自己可以更深刻反思心中想要的目標，以及該如何實現。她開始寫信給自己，恭喜自己達成渴望已久的成就，讓她能在心中預演實現目標時的情境。她先從小地方開始。首先，由於她仍然面對財務不穩定的狀況，就先拿職場升遷的渴望做實驗。她在信裡寫下：「安努拉，恭喜你升官！」接著把信摺好並放進錢包。每當她在排隊或搭公車時就拿出來再讀一次，讀信時，她都會深吸一口氣，想像升遷時帶來的感覺和正面情緒。

在反覆讀信後，她在工作上變得更有自信，產生了這種感覺：「我知道這件事會發生。事實上，因爲我決定這件事發生了，所以它發生了。」她開始發現，以往在工作時容易感到不安，還會質疑自己的決策，但現在這種情形已經大幅減少。她變得更加果斷，因而改善了自信和外在表現。這股嶄新的自信激起同事和主管對她的尊重。她在團隊會議時變得不那麼畏縮、更常發言，也會確保大家聽見自己的聲音。她開始體現領導者的特質，而這些正是獲得升遷不可或缺的特質。一般而言，她期望的升遷幅度需要一、兩年的時間，然而才過了短短幾個月，她就晉升爲專職資料管理師，薪水更增加了約兩萬美元。

雖然安努拉的人生境遇已經有所進展，但恐懼感仍不斷糾纏著她、攫取她的注意力。每當她朝目標邁出一步，就會再次被自我懷疑和災難般的景象淹沒。她說：「我知道自己想要什麼，但我的身、心、靈沒有辦法相互協調。我並未以顯化的心態生活，而是將生活建立在恐懼之上。」

在她得以將個人目標與願意爲了大愛而奉獻的能力接軌後，一切就此改變。「我試著想通過醫學院的考試時，完全是以自我爲中心，一切都是出於恐懼。我不得不打破這種模式，抱持開放的心態，反思自己能爲未來的病患帶來多大的改變。這種做法讓我得以把恐懼轉化爲憐憫。」

在頭腦清晰、身體放鬆後，她想起六歲那年在斯里蘭卡念書時學到練習慈悲，也就是「慈愛之心」。她先從對自己慈悲開始，再逐漸將內心的慈悲延伸到心愛之人，最後延伸到未來成爲醫生後可以幫助的病患。對小時候的她來說，這種練習既抽象又枯燥，但當現在的她懷抱著憧憬，想幫助許多眞實存在的人擺脫疾病、走向健康時，這項練習就變得踏實起來。

她仔細想像自己敞開心胸，對病患表現出的慈悲與關懷之情。她想像自己做出正確的診斷，成功完成一場手術，安慰滿心害怕的家屬時，感覺到胸口充滿了溫暖。她的神經系統變得放鬆，使她超脫了以自我爲中心的思維，並嚮往更加宏大的使命。

安努拉繼續勤奮練習放鬆技巧：她透過吸氣時數四拍、吐氣時數八拍的呼吸冥想法，讓神經系統平靜下來。她學會如何有意識地繃緊全身，接著依次放鬆每個部位的緊繃感。當身心平靜下來後，她就能安撫內心的恐懼與羞愧，減少它們的干擾，專注力和精力隨之提高，便能開始練習醫學院入學模擬考。隨著模擬考的成績提升，心中原本積聚的巨大恐懼感也消失了。醫學院入學考不再是可怕的怪物，只不過是個需要完成的步驟，藉此到達她渴望的目的地。

當她再次準備考試時，她先寫信恭喜自己得到高分，接著再恭賀自己被醫學院錄取。不過這次當她拿出信來閱讀，不但會運用視覺化與放鬆技巧，更融入眞切的同理心，憐憫未來能夠被她治療、不必再受病痛所苦的患者。她再次感受到與人連結、爲民服務和喜悅無比的深刻情感。

隨著她抱持嶄新的自信專注念書，她發現教材中體現了以往未曾察覺的連結，讓她對人體的系統和彼此間的關係有了更全面的理解。她也變得更加敏銳，更能察覺身邊來自老師、同學和家人提供的支持。

她說：「我不再覺得像是在大海裡載浮載沉。我學會了如何衝上洶湧襲來的海浪，而現在，正能量的洪流也不斷朝我奔湧而來。」

在下一次參加醫學院入學考時，她取得了優異的成績，申請了醫學院，並在長達數月的等待和不斷鍛鍊顯化技巧後，終於收到心中已經想像過無數次的錄取通知書。她握著通知書，奇特的感覺油然而生：這曾經像是遙不可及的目標、是永遠處於絕望邊緣的空想，但現在她心裡的反應，卻好像這一切自始至終都在預料之中。這封通知書看起來是那麼**熟悉**。

如今，安努拉已經從醫學院畢業，在致力於職業使命與關懷病患的同時，她依然持續練習平靜心靈和抱持開放心態。

預設模式網路

預設模式網路是大腦中被研究得最徹底的網路，在解剖學上，也被稱爲內側額頂葉網路，由內側前額葉皮質和鄰近的前扣帶皮質、後扣帶皮質／楔前葉和角回所組成。

本質上，預設模式網路負責**一個人處於向內專注時的大腦活動**，包括清醒的休息、白日夢、胡思亂想和回憶往事。這個網路讓我們能夠實行「自我觀照處理」，也可說是自我反思的能力。某種意義上，預設模式網路能讓我們講述「自己的故事」、搜索並整合儲存在長期記憶中的自傳，並使我們能以第一人稱視角來看待這些資訊。

預設模式網路會參與我們在心理層面的時光旅行，包括回想過去與想像未來可能發生的事，同時也參與我們對他人的看法，例如思考他人的想法、理解並同理他人的情感、判斷某種行爲的對錯，甚至在缺乏社交互動時察覺到孤立感。在日常生活中，當我們的內心沒有忙於特定作業時，腦袋裡總會沒來由地碎念個不停，這就是預設模式網路開始運作的現象。

早期研究人員注意到，當一個人專注在以某個目標爲導向的特定作業上，預設模式網路就會關閉，因此它也被賦予「反作業網路」的暱稱。但這個標籤後來因爲帶有誤導性質而棄用，原因在於當追求以內在目標爲導向及涉及概念的認知作業時，這個網路仍然會保持活躍。在進行外部作業時，它其實會變成評論員的角色，爲我們的表現提供詳細思維。

其中一種最危險的心理現象，是習慣性的負面自我對話，又稱爲「內在批判者」。從神經科學的觀點來看，可以將內在批判者視爲預設模式網路與交感神經系統之間的不良合作關係。當預設模式網路受到交感神經系統的壓力反應所拖累時，我們會經歷某種讓人裹足不前的自我意識，就像安努拉曾經一蹶不振那樣。預設模式網路與注意力網路呈現負向關聯性，意味著當預設模式網路越活躍時，我們越難以集中注意力，而這點對我們的目的極爲重要。本書所設計的練習指引，有一部分就是爲了減少預設模式網路對自我意識的過度干預。

在顯化方面，預設模式網路帶給我們兩個重要啓發：首先，從胡思亂想這類體驗可以了解，我們的認知並不一定和當下的某件事情相關。透過不斷練習，可以學會**刻意**把意識從五感中抽離，並朝著我們想像的願景加以引導。其次，當我們在胡思亂想時，會不可避免地闡述自己的內在表徵，而這就是我們內在的「自我」感。雖然自我感對各種互動行爲與日常活動至關重要，但也可能嚴重干擾徹底融入想像時所需要的心流狀態，因此我們必須學會降低它的影響力。

警覺網路

警覺網路是大腦用來**判斷重要性**的認知系統。稍後也將深入探討，大腦每秒會受到大約六百萬至一千萬位元的資訊轟炸，但每秒卻只能有意識地處理五十位元的資訊。這意味著大腦受到的刺激中，約有九九．九九九五％都是在意識層次之下處理的。我們無時無刻不面對席捲而來的刺激洪流，包括內部和外部刺激，此時警覺網路會辨識出關聯性最高或「主觀上顯著」的刺激，並據此引導行爲。針對所有來自外部和內部的資訊，警覺網路會檢測、篩選和判斷相關優先順序，包括我們所感知到的衝突和資訊上的矛盾。**潛意識對於我們重視且會自主留意的事物具有一套分類系統**，而這會**影響警覺網路搜尋重要體驗的方法**。有些證據顯示，警覺網路失常可能是焦慮、憂鬱、痛苦及物質使用障礙的核心特徵，在此狀況下，原本有意識集中的注意力會被強迫性思維拉向其他地方。

顯著性通常與**情境**相關，會在遇見新穎或是出乎意料的事物時產生，也可以透過**有意識**地將注意力集中在任何我們**想要重視**的特徵上來**激發**。可以把顯著的特徵想成在特徵不顯著的「背景」上所突顯出來的「圖像」。人類的資訊處理能力有限，無法注意到情境中的每一個面向。稍後也將詳細探討，某個念頭、點子或意圖的顯著性，會決定哪些資訊最可能引起注意力，並對我們的世界觀帶來最大的影響。在安努拉讀著寫給自己的祝賀信，或是想像對未來的病患伸出援手並預先排練相關正面情緒時，她便**動用了警覺網路**，告訴她的大腦這些都是重要體驗。一旦確立了重要性，她的潛意識就會準備使這些體驗**在現實中發生**，藉此尋找另一次相同的愉悅感。通過**反覆的實踐**，就能讓自己關注的意圖變得顯著，進而排除其他念頭，藉此創造所謂的「顯著性偏誤」或「認知放鬆感」，使我們的意圖成爲**無法忽視的意念**。

警覺網路在結構上包括：前腦島、鄰近的額下回、前扣帶皮質及杏仁核。前腦島從下方往上掃描我們感知到的異常，隨後協調不同大腦區域來召集所需資源，用以回應其檢測到的異常。背側前扣帶回參與了情緒狀態和衝突的評估，並由上而下處理其所察覺的情緒異常。腹外側前額葉皮質偏後的一部分（即左額下回），負責檢視新輸入的資訊，並經過重新評估和現有聯繫網路的關聯性，幫助將新資訊融入現有的內部模型。杏仁核是交感神經系統的一部分，功能包括識別威脅。當杏仁核感受到威脅反應而啓動時，會對中央執行和預設模式網路造成負面影響。當一切正常運作時，這些結構會互相合作來判斷某件事是否具有顯著性；然而當處於壓力反應的影響下，無論是經歷創傷事件的當下或是回憶時，警覺網路可能會誤判特定內部或外部事件的重要性，而觸發不恰當的自律或認知行爲反應。

由於大腦和神經系統從體內和體外接收到的數據過於大量，導致我們無法把注意力集中在每個細節上。相反地，**潛意識中有一套「劇本」**，負責管理哪些領域值得有意識地集中注意力，並將其他資訊重新引導到自動化處理系統中。因此，就算資訊都大剌剌地擺在眼前，我們錯過的資訊依然多得嚇人。

心理學中最著名的實驗叫作「隱形大猩猩」或「選擇性注意測試」。讓受試者在實驗中觀看一段影片，內容是兩組分別穿著黑色和白色T恤的學生在傳遞籃球。觀眾會接收到兩個指令：計算其中一組隊伍傳球的次數，或是分別計算反彈傳球和空中傳球的次數。接著，有一個全身穿著大猩猩服裝的人會從場景中走過。實驗結束時，研究人員詢問大家有沒有注意到影片中出現任何異狀。令人驚訝的是，多達五〇%的受試者並未回報看見大猩猩。

這項實驗突顯了定向注意力的特性及「無意識盲目」的現象。受試者一心忙著計算傳球次數（也就是集中注意力的定向顯著元素），錯過了身邊其他面向的事件，無論多麼荒謬或不尋常都沒有發現。實驗同時展示了當我們被過多感官輸入淹沒時，甚至不會意識到自己錯過了多少資訊。

注意力網路

警覺網路中有個關鍵部分，負責聚焦我們的注意力。這部分稱為注意力網路，包括：腹側注意力網路和背側注意力網路兩個構成部位。本質上，這些網路的工作是**決定如何集中注意力**，以及是否允許**把注意力抽離原先的任務**。

背側注意力網路，或說是正作業網路，負責參與自願性、由上而下的注意力部署。在背側注意力網路中，頂內溝和額葉眼動區會影響大腦的視覺區域，而這些影響因子允許我們朝特定方向集中注意力。腹側注意力網路主要包括右半球的顳頂葉交界處和腹側前額葉皮質，出現預期外的行為相關刺激時，這些區域就會有所反應。在注意力集中的過程中，當我們使用由上而下的處理方式（例如進行視覺搜索時），腹側注意力網路會受到抑制。這種反應能防止受目標驅動的注意力被其他不相關的刺激分散，等到發現目標或相關資訊後，腹側注意力網路就會再次啓動。

當安努拉藉由放鬆讓交感神經系統冷靜下來後，就能集中所需要的注意力，將渴望的意圖嵌入潛意識中。隨著意圖被「植入」得越來越牢固，她便能更有效專注在達成目標所需要的任務上。這反而促使她更深刻理解學業，並更能微妙察覺各種學問間的關聯。

中央執行網路

中央執行網路負責維持和操作工作記憶，同時也負責在目標導向的行爲中**進行決策**和**解決問題**，可視之爲下達指令和決定組織方向的執行長。預設模式網路在休息的清醒狀態下啓動，而中央執行網路則是在受到會干擾認知與情感的活動時啓動。中央執行網路的主要構成部位包括背外側前額葉皮質和外側後頂葉皮質。背外側前額葉皮質操作工作記憶中的資料，並且衡量可能的行爲反應；外側後頂葉皮質整合來自五感的資訊和內部感知，以利維持注意力。中央執行網路的活躍或低落，與憂鬱症和各種認知障礙有關。

中央執行網路能協助我們做出明智且適當的實際決策，但同時也需要它來進行必要的、由上而下的處理作業，藉此調節我們的情緒。當安努拉被壓力和疑慮給壓倒時，便失去了以正確觀點看待感受、重塑情緒、將注意力重新引導回目標，並說服自己從交感神經系統長期啓動的狀態中冷靜下來的能力。在正常運作狀態下，中央執行網路就像個踏實又穩定的成年人，有辦法安撫像小孩一般的神經系統並舒緩它的脾氣。這種心理和情感層面上的穩定性是不可或缺的，因爲只有處於平靜、輕鬆且穩定的心智狀態，才能順利將意圖嵌入潛意識中。

這些大腦網路如何合作而顯化？

這四個網路必須默契無間地合作，才能發揮最大的顯化力量。

當過程運作順暢時，警覺網路和注意力網路會協力合作，以判斷某個刺激（也就是我們所期望的意圖）是不是需要更高層次的認知處理。這項互動能啓動中央執行網路，並**關閉自說自話**的預設模式網路，藉此**主動集中注意力**，並在**不被自我意識分心**的狀態下，**隨心所欲地引導**我們的思維。這些網路的團隊合作打開了一條路，讓我們能夠將意圖嵌入潛意識中，進而促使大腦投入大量資源，讓意圖化爲現實。

問題出在交感神經系統上，也就是潛意識的守門員。證據表示，處於壓力狀態下，過度活躍的交感神經系統可能會劫持預設模式網路，使原本應該只在安全狀態下運作、由預設模式網路作爲媒介的**自我反思機能過度反應**。發生這種情況時，若面對威脅，作爲獨立且脆弱的「自我」感就會過度反思，並阻礙啓動中央執行網路的能力，從而削弱認知運作和嵌入意圖的效果，並降低情緒調節的能力。因此，顯化意圖前的嵌入作業必須在安全且不受威脅的環境中進行，才能將認知控制能力發揮到最大。當身體越放鬆、內部和外部的感受越安全，交感神經系統所帶來的干擾就越少，預設模式網路也就越不容易引發過度的自我反思。

顯化的綠色地帶：幸福感會優化人類體驗

魚類和爬行類動物的大量幼崽，剛生下來就能自給自足，並尋求保護自己的手段；但大多數的溫血哺乳動物不同，出生後都少不了父母親的照顧和投入，需要有人保護、撫育，並替牠們尋找食物和打造安全的避風港。因此，哺乳動物必須演化出有助於彼此接近、接觸和連結的生理特徵。其中一項主要的適應手段，是在髓鞘副交感神經系統中的背側迷走神經演化，將器官與中央控制系統相互連結起來。這個演化之所以重要，是因爲它構成了聯繫與照顧反應的基礎，進而提供感覺和表達憐憫的生理通道。這部分的髓鞘迷走神經造就了幸福感當中的「綠色地帶」，在這種狀態下可以變得冷靜、專注、進入心流，並能夠積極照顧他人。綠色地帶也是最能有效召集意識進行想像和追求目標的狀態。

啓動副交感神經系統並提升迷走神經的張力時，我們就進入了綠色地帶，也就是**啟動「休息與消化」反應**。這種伴隨著**幸福感**的狀態能促進整體健康、釋放有益的荷爾蒙（如對免疫和防衛系統至關重要的催產素），還能啓動「心流狀態」來幫助學習、批判性思考和增加創造力，基本上就是**優化人類的體驗**，同時也能讓大腦皮質層處於主導地位，使顯化得以運作。

副交感神經系統具有處理情緒、記憶和計畫的能力，讓我們對體驗的反應更加周全和敏銳。這種大規模處理能力相當關鍵，我們因此得以**改變**對這個世界的**反應**。當我們有能力**選擇**自己的反應時，這些選擇會影響生理狀態，進而影響環境，最後影響環境對我們的**回應**。

說到這裡，該怎麼從「戰鬥、逃跑或僵住」反應轉換到「休息與消化」反應呢？我想起了多年前在魔術用品店學到的練習方法。

練習：放鬆身體

1. 做好準備

①找個適合練習的時間和場所，確保不會受到打擾。

2. 調整姿勢

①這項練習可以站著、坐著或躺著進行。在開始前先調整好舒服的姿勢，讓自己感到放鬆的同時，又可以保持清醒和穩定，才能及時覺察自己的體驗。

②脊椎打直，讓肩膀自然垂下。理想的姿勢是能讓你感受到輕鬆的自信和溫

和的力量。

3. 開始靜下心來

①閉上眼睛，或是微微看著面前幾十公分左右的一個點。把注意力導向體內。

②開始感覺身體有哪些部位和支撐身體的平面接觸。讓重力把你拉向地面，感覺地面向上頂住你的腳。留意身體出現明顯緊繃的部位，用意識溫和地感覺它們。

③用鼻子深深吸氣三次，再用嘴緩慢吐氣，吐氣時發出明顯的嘆息也沒關係。重複這種方式的深呼吸，直到覺得舒適且自然。

④感覺呼吸變得自然後，特別留意你的坐姿或臥姿，並想像你正看著自己擺出這種姿勢。

4. 開始掃描身體

①現在專注在你的腳趾上，讓腳趾放鬆，將所有緊繃感都釋放掉。接著專注在腳部，放鬆裡頭每一條微小的肌肉。在你繼續吸氣、吐氣的同時，想像腳上的肌肉幾乎像融化一樣。全神貫注在你的腳趾和腳部。

②當你開始後，思緒會自然而然地神遊，讓你分心。別擔心，這很正常。當

你發現心思飄走時，只要重新開始就好，讓注意力回到腳趾和腳部的肌肉上，好好放鬆。

5. 繼續掃描身體

①等到你徹底放鬆腳趾和腳部，感覺到它們變得柔軟、輕盈又輕鬆後，就開始向上延伸，專注在小腿和大腿上。感覺腿部較大塊的肌肉並加以放鬆，直到你在吸氣、吐氣的同時感覺它們幾乎像融化一樣。

②對你的腹部和胸部肌肉重複相同流程。

③接下來專注在你的脊椎，由下而上放鬆背部所有肌肉，一直延伸到肩膀和頸部。別忘了，目標是讓肌肉同時變得放鬆又敏銳。假如有任何部位傳來明顯或是加劇的緊繃感，可以試著把氣息傳送到這些部位上，讓它們放鬆並釋放緊繃。

④最後，專注在臉部和頭皮上的肌肉，讓它們放鬆並變得輕盈，釋放原先所積聚的壓力。

6. 覺察自己的放鬆

①隨著你把放鬆感拓展到全身上下，會發現有股平靜感蔓延到全身。留意體內這股平靜感如何安撫你的心。留意身心平靜下來後爲你帶來的愉悅和美

好感受。

②此時，你可能會有點想睡，甚至不小心睡著，沒關係。你或許會再次感覺到緊繃，並難以重新感受到平靜，這也沒關係。也許要嘗試好幾次，才能夠在全身徹底放鬆的同時保持敏銳。要有耐心，善待自己，每次嘗試時都要記得這一點，畢竟你正在改造你的神經系統，教導它如何體驗平靜與調節的狀態。

③等你終於讓全身徹底放鬆後，開始專注在你的心臟。把心臟想成你在慢慢深呼吸時所放鬆的肌肉。你也許會發現，在你身體放鬆、呼吸減慢的同時，心跳也跟著慢了下來。

7. 深化放鬆

①現在想像你的身體處於完全放鬆的狀態。在緩慢吸氣、吐氣的同時，看看你能否意識到一種只是「存在」的感覺：什麼也不做、哪裡也不去、誰都不是。你有沒有感到一股溫暖、靜止，或是滿足的感覺？你可能會覺得自己像是浮在空中，被一陣平靜感籠罩。

②運用你的意念吸收愉悅和寧靜的感受，把它們植入你的神經系統，方便未來回想這些感受。讓你的神經系統明白，這種放鬆狀態的確是可以達成、

令人渴望，而且在你需要的時候隨時都能找回來。

③在下一回合的吐氣中，慢慢睜開眼睛。在眼睛張開的放鬆狀態下靜坐幾分鐘，單純在徹底的平靜中休息就好。

這項練習起初請獨自進行。至少嘗試一週，每次練習五分鐘。隨著逐漸適應，可以將練習時間延長到十分鐘，隨後再延長到二十或三十分鐘。你也許會發現，自己其實渴望練習更長的時間，請聽從那個內心的渴望。

如果你發現這項練習格外困難，或是一直很難感受到安全感和放鬆感，加入團體練習或許會有幫助。你可以參加本地瑜伽教室的靜心冥想團體，或是召集志同道合的朋友一起嘗試。正如你在練習過程中會發現的，向他人尋求支持是極爲關鍵、值得培養的技能，可以幫助你達成目標。

振動與相干性

人體生理結構的最後一個構成部分，經常出現在關於顯化的對話中：振動能量。

雖然時常被人誤解，不過有大量科學文獻都支持這個概念，那就是無論在微觀或宏觀層面，都存在著一股巨大的能量循環，將宇宙中的萬物連結在一起。那麼所謂的振動，到底是什麼意思？

宇宙中的一切都在不斷運動，即便看似毫無生命力且靜止的物體也是如此。物理學上有個令人驚訝的發現，叫作**量子相干性**，因此催生出次原子粒子在極遠距離間進行非本地瞬時通訊的可預測性。這些粒子構成物質世界的基本建材，並且彼此之間不斷共振。共振是種處於兩個狀態之間的運動，有時也稱爲振動或振盪，而且在各種頻率範圍內都可能發生。因此，每一個個體都與一個大整體相互連結並隸屬於其中，而這個大整體又隸屬於一個更大的整體。這種關係對於有知覺的生物是如此，在各種系統內部和彼此之間亦然，無論對原子、有機體、社會群體、行星或星系而言都適用。在此設定下，不存在任何孤立、與世隔絕或缺乏相互關聯的事物。**每個個體都無可避免地與所有其他個體彼此影響。**

如同所有複雜的生命系統，人類也是由無數動態且相互連結的生物結構和彼此協調的作用所構成。大多數人都知道這種和諧狀態是什麼感覺——身心靈合而爲一、感覺完整或是圓滿的狀態。這種狀態時常被稱爲「**心流**」（flow）。這個術語最早是在一九七五年由米哈伊·契克森米哈伊（Mihály Csíkszentmihályi）提出，隨後廣泛使用於心理學以外的各種領域，也常有人會用「極限領域」（the zone）與「合一」（oneness）等術語來形容這種狀態。然而，這項概念自古以來就已存在，只不過被冠上許多不同名稱。在這種狀態下，我們常感覺不僅與最深層的自我相連，同時也與其他人、甚至與大地相連。這種內外連結的狀態，被視爲一種彼此相干的存在狀態。相干性意味著相關性、連結性、一致性，以及對能量的高效利用，同時也用來描述不同振盪系統之間的耦合與同步程度，亦即一個系統可以在某個規模層級上自主運作，但又同時與更大的整體完美協調。

我們可以在日常生活中見證相干性的出現。正如數學家史蒂芬・斯托加茨（Steven Strogatz）所展示的，當功率和頻率相同的光子一起發射時，就會產生雷射，還有某些種類的螢火蟲在大量聚集時會同步閃爍。所有生物系統中都存在微觀層級的系統、分子機器、質子、電子、器官和腺體，彼此分別自主運作，以不同速率執行不同的任務，卻又能相互協調並和諧同步地運作。

在局部層面上，可以從振動的角度檢視大腦的運作。根據大腦活動可以在腦內檢測到不同頻率，其中最常見的是伽瑪波（Gamma）、貝塔波（Beta）、阿法波（Alpha）、希塔波（Theta）和德爾塔波（Delta）。伽瑪波頻率介於二五至一〇〇赫茲之間，是最快的腦波，並與大規模協調活動有關，例如專注、注意力、學習、解決問題和資訊處理。貝塔波頻率介於十二至三〇赫茲之間，會在大多數有意識的清醒狀態下出現，並與留意、警覺和專心這類需要徹底喚醒大腦的活動有關。阿法波頻率爲八至十二赫茲，會在大腦處於閒置、當下沒有專注於特定事物的狀態下出現。希塔波頻率介於四至八赫茲之間，會在輕度睡眠、深度放鬆和冥想狀態下出現。德爾塔波頻率介於〇．五至四赫茲之間，通常在深度的無夢睡眠狀態下出現。

包括神經生理學家帕斯卡．弗里斯（Pascal Fries）在內，研究人員探索這些大腦頻率彼此間的同步模式如何產生不同類型的意識。還有其他理論提出了「意識共振理論」，將同步振動的概念視爲意識的核心，甚至推及物理現實。儘管腦電波與意識間的確切關係仍存在爭議，但對我們的目的而言，最重要的振動現象是所謂的神經同步性。當不同頻率在共同的電氣振盪速率上彼此和諧時，就會發生這種同步現象，使神經元、神經元群和大規模大腦網路之間得以維持通訊順暢。若缺少這種同步的相干性，輸入訊號會隨機在神經元興奮週期的不同階段傳達並失去溝通作用，或至少大幅降低其作用。當溝通變得片段或相互衝突時，大腦就無法產生同步的相干性，使得顯著資訊無法順利嵌入潛意識中。

包括安東尼奧．達馬西奧（Antonio Damasio）在內的神經科學家曾經假設，人類所經歷的感覺和情緒，其品質與穩定性取決於生理作用的潛在狀態。被貼上「正向」標籤的感受，反映的是「生命作用的調節效率極高，甚至達到最佳、最流暢且輕鬆」的身體狀態。爲了讓大腦和神經系統正常運作，用於訊息編碼的神經活動必須穩定協調，且大腦中各個中心必須能夠動態同步，以便順利處理並感知訊息。最終，是讓大腦和神經系統與周遭世界和諧共振。就如安努拉所說：「當你藉由走出陰霾提升能量時，將能和你的天命接軌，並讓一切開始顯化。」

令人驚訝的是，人體最顯著的振動來自**心臟**。許多人並未意識到，**人體內最大的電磁場**實際上存在心臟裡頭。由心電圖所測得的電場幅度，約爲由腦電圖所測得腦波的六十倍。心臟電場的磁性部分比大腦產生的電場強上大約五千倍，不會受到組織阻礙，甚至在身體數呎外都測量得到。不僅如此，電場會隨著情緒而變化，因此根據我們的感受，胸腔會發出不同性質的振動。

多數人往往認爲，心率會因爲運動或情緒狀態不同而產生變化，卻很少會想到，每次**心跳**之間的**變異性**，其實是更重要的健康指標。舉例來說，兩個人的心率可能一樣是每分鐘六十次，振動能量卻完全不同，因此對其他人的影響也大不相同。原因在於，其中一人每次心跳間隔一秒，而另一人的心跳間隔可能介於〇．八至一．二秒之間，這種現象就稱爲心率變異性，包括葉夫根尼．華斯基洛（Evgeny Vaschillo）、保羅．萊勒（Paul Lehrer）和羅林．麥克雷提（Rollin McCraty）在內的多位科學家，已對此進行過廣泛研究。聽起來或許有些矛盾，但當人處在壓力或焦慮狀態，心率變異性會**下降**，代表心跳反而會變得更加穩定、一致。這是由於壓力反應會刺激交感神經系統，進而降低迷走神經的張力，伴隨而來的心率「僵化」可能導致各種負面的心理和生理影響。事實上，有種症狀就稱為「心碎症候群」（broken heart syndrome），最早是在日本提出，患者可能經歷分手或心愛之人去世之類的情感創傷，從而導致心因性猝死。

相反地，當一個人保持冷靜、沉思、放鬆和關懷時，由於迷走神經張力增加並刺激了副交感神經系統，心率變異性就會**增加**。當副交感神經系統受到刺激時，我們的生理功能會達到最佳狀態。事實上，這個現象會導致我們分泌許多種「快樂激素」，例如催產素和血清素，同時也會降低整體的心率和血壓，並減少壓力荷爾蒙和發炎性蛋白的分泌。這種現象是由於**心率變得協調**，而正是這種協調創造出一個可測量的場域，不僅能改善自己的心理和生理健康，也能改善他人的健康。處於平衡的情緒狀態時，心臟會產生一個高度協調的場域，有益於我們及所遇見之人的心理和生理健康。而當一群人共同創造這種協調時，效果也會變得更大、更強。

還有證據顯示，心臟向大腦發送的訊息比大腦向心臟發送的更多。當心臟節奏協調一致時，可以對大規模大腦網路帶來影響，而且心臟與大腦的同步性往往也會增加。而當心率變異性提高時，可以觀察到腦波的活動和幅度增加。當安努拉開始敞開心扉接納未來的病患時，其實是在重新校正自己心臟所產生的頻率，進而對她的生理狀態及與他人的互動產生協調效果。稍後也將談到，爲了充分駕馭內在力量來顯化意圖，**不僅需要與大腦合作，也需要與心臟合作。**

我們已經了解身體中用來實現顯化的主要構成元素，現在可以開始採取召集這些系統和網路的步驟。不可或缺的第一步，是了解如何啓動內在的力量，以選擇對於特定情況的反應。

具體來說，我們必須重拾自己的力量，將注意力集中並保持在鎖定的目標上，而不是被演化的負擔所綁架，不斷分神、受舊習拖累，把注意力聚焦在害怕的事物上。了解這種力量如何運作及可能的阻礙，是顯化夢想生活並確保美夢不會變成噩夢的關鍵。這是我在生活分崩離析後走向重建人生的第一步，最終也創造出我最渴望的家庭。

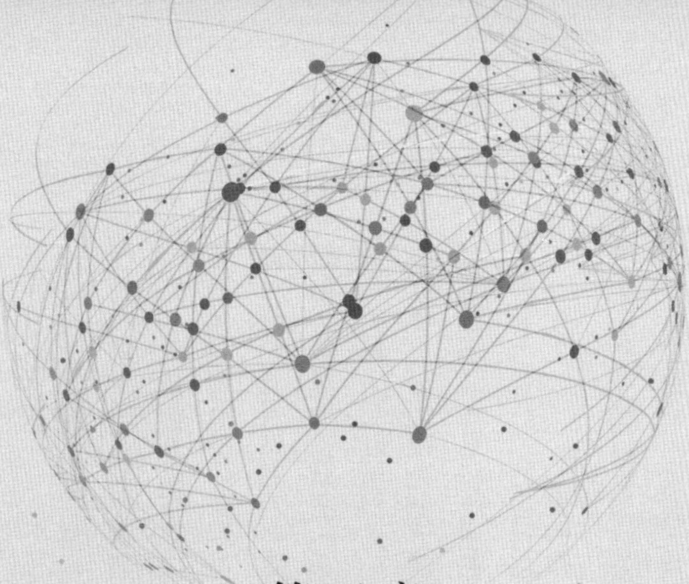

第三章

第一步

重拾集中注意力的力量

所有的經驗都源自於心靈，
由心靈引導，由心靈創造。

——佛陀，《法句經》1–2

重拾注意力，建構新反應

這款雙輪自平衡滑行車能夠越野滑行，時速可達每小時八哩，重量爲二十五磅。現在阿瑪里將它高舉過頭，準備揮向肖恩的臉。

那天正值炎熱晴朗的八月時分，地點在加州聖荷西卡拉巴薩斯公園的越野賽車場，循環跑道由許多滾筒和護堤組成，四處都是傾斜的急轉彎，最適合用來實現高速狂飆，讓熱愛冒險的自行車騎士能心無旁騖地騎車並練習各種花招。年僅十三歲的阿瑪里是個子較小的挑戰者，正伸長脖子看著面前身高超過一八〇公分的十五歲少年，肖恩。兩名年輕人緊盯著彼此、相互對峙，車輪穿梭的嗡鳴聲從身邊呼嘯而過，衆多騎士興奮地歡呼，在小坡上上下下奔馳，一下翹孤輪、一下兔子跳，不時再衝上空中來個三六〇度轉體。阿瑪里和肖恩那天來此參加名爲F⁺的暑期課程，內容專爲表現神經多樣性的學生設計，包括越野自行車、躲避球、即興遊戲和冥想訓練。

這場活力滿點的活動，主辦人是洛伊絲．普里斯洛夫斯基博士（Dr. Lois Prislovsky）和柯林．馬斯蘭（Colin Maslan），前者是訓練有素的心理學家，專精注意力不足過動症，後者曾擔任自行車技師、急救員和老師，目前正在接受社工訓練。我在史丹佛大學成立了慈悲與利他研究暨教學中心，而洛伊絲博士與柯林就是在此進修慈悲培訓課程時認識的。他們和我分享對極限單車和滑雪板這種「鄉巴佬怪癖」的熱情如何讓兩人產生深厚情誼，還說他們很渴望和被傳統學校體系忽視的年輕人共事。一般來說，被診斷出多種行爲與學習障礙的孩子，注定會度過枯燥乏味的暑假，不得不面對一大堆無聊的分析習作和死氣沉沉的簡報，而且一切都發生在了無生氣的教室牢籠裡。這些學生有不少患有自閉症，並經歷過神經多樣性年輕人面臨的各種難題。有些人曾經被霸凌，有些人是霸凌者；有些人無法用言語溝通，有些人患有拔毛症，會習慣性拔掉頭髮、眉毛或睫毛。對其中多數人而言，社交令人痛苦，甚至有少數在現實生活中一個朋友也沒有。洛伊絲認爲，社會體系將這些孩子過度病理化，卻從未傾聽過該如何幫助他們成長並獲得幸福。

洛伊絲用輕快的田納西口音說：「他們最不需要的，就是再被貼上另一個標籤。」

因此，洛伊絲和柯林創立了「F+ Productions」，教導這些孩子自我調節、對待自己和他人的慈悲心，以及一種特定的短時高效冥想法，再加上騎越野車。就注意力不足過動症患者而言，無論是青少年、士兵、運動員、冒險家或極限遊戲玩家，因爲大腦無法和其他人一樣產生足夠的多巴胺，會導致注意力分散。因此，他們的大腦會一直渴望新奇的刺激，沒辦法進行長時間的靜坐冥想。

因此，洛伊絲結合慈悲冥想與她受過高級認證的催眠治療專業，爲每個學生錄製量身打造的冥想內容，長度通常是兩到三分鐘。等學生在越野賽車場上盡情發洩精力、打完激烈的水球仗後，就讓他們在吊床、樹上或鞦韆上冥想，練習放鬆全身、聚精會神，並集中意圖，想像自己希望成爲的樣子。越野賽車場的活動讓他們釋放壓力，獲得需要的多巴胺，並靜下心來進行內在修練。

這些練習提供了帶來轉變的機會。洛伊絲說：「這才是重點所在。」

洛伊絲向學生解釋，人類神經系統有兩個主要模式：交感神經模式和副交感神經模式。當激發杏仁核作用時，身體會進入戰鬥、逃跑、僵住或昏厥狀態，並因此機能失調，他們需要讓頭腦冷靜下來、敞開心扉，重新專注在意圖上。用特殊的生物回饋耳機監測學生的腦波，當腦波進入與放鬆、創造力和視覺化作用相關的阿法波狀態時，就會聽到耳邊傳來鳥鳴聲。

阿瑪里是勇士型個性，就是長大可能打進D1美式足球隊擔任右哨鋒，使盡全力護在四分衛胸前的那種男孩。阿瑪里從小就對自己的名字很敏感，別的小孩總是會取笑他的名字，用像是唱歌般押韻的綽號來鬧他。那天在跑道上，肖恩沒能判斷當下的社交氛圍，一次又一次喊著阿瑪里討厭的綽號。起初阿瑪里沒有理會，只是興奮地學著該怎麼在自平衡滑行車上保持平衡，才能在跑道上穿梭。最後，肖恩又一次喊了綽號，阿瑪里爲了讓同學明白做人的道理，不得不舉起自平衡滑行車。於是，兩個年輕人就這麼站著對峙，體內的睪固酮暴衝，眼看就要沉浸在互毆的快感中。其他孩子也紛紛圍過來，準備看場精采的鬥毆。

洛伊絲走近，用平靜的語氣問：「這樣對你們有幫助嗎？」

洛伊絲爲成長營帶來了奔放的野性，讓學生感到輕鬆自在。他們知道她並不怕跟大家打成一片。有個學生曾經不小心害她的手骨折，另一個學生曾試著把她的帽子從頭上扯下來，過程中卻讓她的馬尾勾住眼鏡，結果在左眼旁劃出了一道小傷痕。她只生氣了大約二十秒，接著就調整好情緒，讓大家看見她如何在失去冷靜後再次平靜下來。

「反正，我就是要把它砸到他臉上。」阿瑪里說。

當天稍早，F+的學生正在練習說出眞心話，請每個人都站上野餐桌，發表自己最眞誠的想法。阿瑪里第一次來上課時沒有辦法說出眞心話，他一直無法跟其他人直接交流，偏向保持沉默。他很常跟人起爭執，也常因爲行爲不當而惹上麻煩。

洛伊絲說：「他兩年前剛參加F+時，沒辦法練習對別人表達同情。所以我們先從寵物開始，等他學會和活生生的生物交流，才開始讓他和其他人互動，之後便能夠對在成長營第一次交到的朋友表達同情。」

把自平衡滑行車高舉在寬闊的肩膀上、太陽穴正不停冒汗的阿瑪里思考了一下。

他知道自己的神經系統已經失控，進入了「戰鬥、逃跑或僵住」模式。這種經驗發生過很多次了，他很清楚最後會造成什麼結果。他看見洛伊絲站在一旁，雀躍地等著看他接下來怎麼做。

阿瑪里並沒有揮下自平衡滑行車，而是放下，並開始大笑。接著洛伊絲笑了、肖恩笑了，在場所有人都笑了起來。看來訓練確實有效。

終於，阿瑪里說出了心裡話。他告訴肖恩：「請別再用那個名字叫我，我不喜歡。」

夏天剛開始時，洛伊絲和柯林評估了阿瑪里的情緒狀態，到了活動結束時再次測量。經過六週的時間，他的憂鬱和焦慮已經降低，對自己和他人的慈悲心、同情心則有所提升。他的父母雀躍不已，明白神奇的事發生了。

隨著阿瑪里和其他學生學會調節自己的反應，他們逐漸重拾了一種卓越的能力：**將注意力指向目標的能力**，不再被壓力、條件反射和反應行為制約，並且建構出新的反應，用來實現內心渴望成為的自己。當他們重拾注意力，選擇便再次回歸，而選擇也象徵著**內在力量的存在**，這是實行任何意圖的必需要素。在神經科學領域，這種內在力量稱為「自主性」（self-agency）。

被自身信念限制的內在力量

我們每個人都蘊藏一股驚人的內在力量，只不過常常被自己的信念所限制。這股力量讓我們能夠忍受不適、延遲滿足、決定周遭哪些事物能不能進入內心，並且無論在當下的現實或腦海裡再次喚醒的回憶中，都能控制自己對特定情境做何反應。這就是**選擇的力量**。無論外界有多麼喧囂、恐怖或誘惑的刺激試圖讓我們分心，正是這股力量讓我們將注意力集中在自己選擇的地方。阿瑪里正是喚起這股力量，才得以關閉「戰鬥、逃跑或僵住」模式，放下自平衡滑行車，並說出心裡的話。我們也能靠自己喚起這股力量，藉此將注意力導向內心的意圖，激發出足以打破情感依賴、強大無比的正面情緒，進而擺脫過去卑微的人生。

在生活中，許多人都覺得自己是受害者，受到外來的力量，甚至是內在無法控制、馴服或調節的力量所脅迫。對這些力量的反應感覺像是自動發生，似乎奪走了我們的內在力量，而我們只能無能為力地看著。此時此刻，這些力量感覺勢不可擋，並在我們長久以來的習慣中鑿下深刻的痕跡。但事實上，我們可以培養一些實踐方法來重拾力量，扭轉原本看似全自動又不受意識控制的反應。

這種實踐方法的力量，源自相信可以藉此改變物理層面的現實，即便其他人（無論是心懷疑竇的人、家人或是帶有偏見的社會）認爲這只是天方夜譚，都無法限制我們的力量。和手上需要資本才能進行的財務投資不同，顯化只需要投入時間、精力、注意力和誠心——這是對自己的投資。儘管這些技巧確實需要毅力和反覆練習，但練習技巧並不需要花錢，也不需要接受任何進階培訓。

聽好了，要克服對自身潛力長久以來缺乏信心的認知，尤其當你的家人、國家或宗教不斷爲這種負面信念推波助瀾時，可能確實會很困難；所幸你將發現，自己的信念是少數完全由你說了算的領域。因此，如果你下定決心超越，那麼任何人的信念都無法限制你所能達到的成就。

說到底，這和宇宙沒有關係：**你**才是重點。我們或許曾經相信，自己的內在力量是受到外在環境或過去的條件所限制，但實際上，一切都始於自己的**心智**。

拿注意力來賭博

在生活中，很多時候會覺得事情就這麼發生了，不是由我們驅動，也不是爲了造福我們而發生。這種被動參與某種體驗的感覺，就像以乘客的角色坐在由別人或其他力量所駕駛的車子，要麼沒有明確的目的地，要麼就是朝著無可避免將帶來痛苦的地方前進。不僅令人感到沮喪、力量被剝奪，也會削弱我們的信念，不相信能做出有利自己的選擇。像是有某種外力把我們丟進後車廂，被迫隨著裝載自己人生的車子踏上旅程，直到許久後迷迷糊糊地恢復意識，才發現早已遠離原本想去的地方。許多背負著未癒創傷的人都有過這樣的體驗，並在無意識中讓自己的選擇繼續受到這些創傷左右。

注意力不僅會被內在的力量劫持，周遭世界也會對我們專注內心的能力造成許多無可避免的侵害。動輒數十億美元的廣告，不斷說服我們生活中缺少某些必要元素，並用某個號稱能補足缺失的特殊產品來捕捉我們的心智。社群媒體公司透過類似於成癮現象的心理作用，盡可能吸引我們的關注，再把這些聲量賣給出價最高的人。至於新聞媒體，則不遺餘力地呈現能使人感到震撼、讓杏仁核處於被劫持狀態的報導，讓我們無法把視線移開。

典型的美國人每年大約花費一四六〇小時在智慧型手機上，相當於每年清醒的時間大約有九十一天都在用手機。我們會把注意力投入在這些設備中，並非單單只是因爲缺乏自制力。我們手上這些裝置的設計概念，運用了名爲「變動比率增強時制」（variable ratio reinforcement schedule）的心理現象。想像籠子裡有隻老鼠經過訓練，只要拉下特定拉桿三次就能獲得食物作爲獎勵；再想像有根拉桿會不定期投放食物，有時拉一下就有，有時可能需要拉五下、甚至十五下才有食物。這隻老鼠很快就會明白，拉動拉桿的速度越快，就能越早得到食物。這正是吃角子老虎機的運作原理。

人類大腦的運作更爲複雜，會試圖找出獎勵變動的模式。拿嗜賭成性的賭徒來說，大腦會釋放出多巴胺這種獎勵化學物質，激勵賭徒集中注意力，研究拉動操縱桿和贏得大獎之間的因果關係。像是吃角子老虎只轉到兩顆櫻桃，差一顆就能中獎這種功虧一簣的情況，會加深賭徒想繼續玩下去的衝動，進而形成「追求獎勵的動機」和「發揮專注力」之間的連結。這種現象稱爲「誘因顯著性」（incentive salience），會在大腦中創造出類似毒品成癮、暴飲暴食和其他強迫行爲的啓動模式。

同樣地，研究顯示在滑動手機螢幕時，實際上是在顯化所謂的「賭城效應」（Vegas effect）。手機上的通知會讓人產生期待感，啓動大腦的獎勵系統，讓注意力陷入無盡的迴圈。當我們不斷查看訊息，或在衆多內容中尋找能讓我們覺得舒坦的那則資訊，抑或是因爲瘋狂刷著世界各地的災難訊息，從而感受到恐懼與同情疲勞時，只能無助地看著自己的注意力逐漸流失。一旦失去引導注意力的能力，便可能會陷入絕望，覺得自己對人生的走向或品質無能爲力。但我們的內心其實很明白，**選擇性注意**是建立理想人生的關鍵投資，所以才會說是「付出」注意力。內在的力量，在於做出有意識投資決策的能力。若無法按照意願引導注意力，就好比交出了手上能用來改變環境的資本——等於是放棄了自主性。

事實上，**無力感**往往只是一種**幻覺**。若仔細檢視每個看似自願放棄力量的時刻，會發現其實是重新啓動了舊有的習性。對特定外部刺激的負面反應，其實只是身體、心理和情感訊號的收發模式，這些訊號經過頻繁、不加思索地使用而逐漸緊密相連。隨著時間經過，大腦適應了這種不間斷的自動反應，不再提供有意識選擇的機會。某種意義上，這是潛意識中**負面的心流狀態**。當大腦認爲已經沒必要提供改變行爲或環境的機會時，我們就會感到挫折、陷入困境且失去希望；我們會忘了自己的內在力量。

然而，即使覺得失去或被剝奪了力量，並不代表力量消失了。自主感是關乎大腦如何敘述自身體驗的一環，往往來自主觀的詮釋，而非實際的眞相。我們可能會**覺得**自己沒有自主性，它可能被壓抑或阻礙了，但它卻從未眞正遠離。這是身爲人類的根本事實，只要大腦可以正常運作並擁有成長的可能，我們就擁有自主性。因此可以說，我們在社會上面臨的危機並不是無法自主，而是**沒意識到自己能夠自主**。我們忘了自己擁有自主的超能力。

自主感

自主感是指在產生意圖、發起和執行行動時，能夠自行掌控方向盤的感覺。這會帶來安心感，使我們覺得能透過自己的行爲或意願來控制特定處境的結果。

研究顯示，自主感比普遍認爲的更加靈活、更能調適，且是由多種元素所構成，囊括了高層次的認知（思考、學習、記憶、推理和注意）到低層次的感覺和運動系統。所謂的自主感，意爲：**大腦結合經驗中的各種線索，並依此建構而成的感覺。**大腦會檢視我們的行爲是否產生了我們期望的結果，以及是否依照我們的選擇影響了周遭環境，再利用這些資料評估在當下情境中是否具有自主性。令人惋惜的是，意識心智無法觸及大多數讓我們產生行動的潛意識過程（例如採取動作的能力），因此只能夠設定意圖、觀察效果，再根據成效進行詮釋。換句話說，自主感是**大腦告訴我們的故事**，用來闡述我們的體驗。當大腦告知，我們沒有足夠的力量執行能改善情況的必要行爲時，便會感到灰心並失去動力；當大腦的故事告知，我們能根據自身意願採取行動時，就會感到充滿力量、自信與和諧。

爲了說明自主感的詮釋性特質，可以談談這個驚人的科學發現：即使身體已經動不了，自主感可能依然存在。身爲神經外科醫師，我看過許多疾病或外傷患者產生所謂的「病覺缺失症」（Anosognosia）。此字源自希臘語的「nosos」（疾病）和「gnosis」（知曉），所以此病的患者並不知道自己身上有某種疾病或損傷。其中一個例子是「半身不遂」，指的是患者因中風而導致的癱瘓。假如中風除了使身體癱瘓，還影響了與自我意識整合相關的大腦區域，患者就可能會對自己的身體癱瘓產生病覺缺失；換句話說，雖然身體癱瘓了，但他們並沒有意識到運動能力有受損。

都靈大學的研究人員在研究這類病患時有個驚人發現。有位左側癱瘓的女性表現出嚴重且持續的病覺缺失，她從未主動回報有運動方面的問題。每當問到她左臂的情況，她總是宣稱手臂移動時一點問題也沒有。當要求她實際用左臂執行動作時，她會試著做出動作，而且幾秒後似乎還對自己的表現感到滿意。這名女性對做不出來的動作仍然保有自主感，儘管所有證據都持相反論調，她仍然堅信自己能移動癱瘓的手臂。研究人員做出結論，這類病患的自主體驗強烈依賴大腦在身體採取動作**前**出現的線索，例如動作的**意圖**和**預測訊息**，而不是根據實際的動作本身。對於這名女性的行動能力，大腦對她說了與身體實際情況徹底相反的故事。

重點在於，自主感其實是我們感知到的**主觀體驗**，會受到思維的過程影響。因此，對於內在力量的感受，其深度和效能取決於我們在告訴自己的故事中，如何闡述自己展現這種力量的能力。稍後的章節也將談到，內在力量的感覺，其實就是感覺自己能將大腦的所有潛力引導至所選擇的意圖上，尤其是能駕馭潛意識的力量。而潛意識的奇妙之處，在於**潛意識是基於信念來運作。**潛意識的「相信」，往往會限制特定處境的可能性。一個人對於內在力量的感覺，與自己實際展現這種力量的能力之間，可能存在巨大差距。某種意義上，許多人正處在和病覺缺失症患者相反的困境中：在自己無能為力的幻覺裡舉步維艱，但其實我們完全有能力採取高效能的行動！

在心理學中，自我效能（self-efficacy）是指個人如何看待自己為了達成目標而採取必要行為的能力。自我效能可能影響一個人選擇參與或堅持某項活動的方式和原因，並且能用來預測這個人的行為——準確度更勝過以此人實際能力所做出的判斷。

有些人可能會混淆，認為自主性就意味著自由意志。自由意志的本質是更加深刻的議題，涉及對腦科學、心理學、哲學和宗教的理解。有些人認為人之所以缺乏自由意志，是因為行為受到許多對意識心智較為隱晦的力量和影響所主宰；有些人則認為所有行為都取決於分子、原子和粒子間的相互作用，所以每個事件都是預先設定好的，人們只是無知地認為可以主導自己的行為。我並不打算解決這由來已久的思辨，且令人慶幸的是，在探討顯化的過程中也不需要解決這個問題。我只是單純表達我們確實可以選擇，能夠操縱內在過程來顯化意圖。正是這種根植於中央執行網路運作過程的認知控制，使我們有能力調整與引導認知資源，藉此完成目標導向的任務，將注意力嵌入潛意識中，並優化顯化能力。我們必須先集中注意力，並將想嵌入潛意識的事物先嵌入工作記憶，使其變得顯著。藉由持續發揮的選擇性注意力，進而透過所謂的主動控制（effortful control）來將其嵌入潛意識之中。

自主性或內在力量似乎是固定不變的，但必須視之爲一種潛在的能量，會一直儲備到最終被釋放出來爲止。殘酷的事實是，許多人並不相信自己擁有這種能量，最後只會畫地自限，並認爲一切永遠無法改變。想像你在深山裡開車，而且每天都瀰漫著濃霧，讓你看不見下方的山谷。事實上，你從未親眼看過山谷，只聽別人說過。大家都說山谷裡有美麗的瀑布、蓊鬱的花園和壯麗的紅杉樹，可是你從來沒看過，因爲眼前永遠只有一片迷霧。最終，你開始懷疑聽到的一切到底是不是眞的。好，現在想像你一路開車直達山頂，這次你的視野清晰明亮，可以一眼望向遠方。映入眼簾的不僅有你聽過的一切，甚至比想像的更加美麗。你這才意識到，原來山谷一直都在，你看不見，是因爲霧氣使你產生懷疑，而不是因爲它的存在令人質疑。多數人的生活就像在一片迷霧中開車，也許聽說過各種可能或看過山谷的一小部分，但想像你的視野變得清澈時，會是何種光景。直到此時，你才明白自己的所有潛力，並意識到內在蘊藏著多大的潛在能量。你終於打破束縛，能夠運用內在力量來改變人生。

這與顯化有什麼關係？能否顯化渴望的事物和體驗，取決於能否擺脫狹隘的思維習性，不讓知覺籠罩在迷霧之中，不再認爲自己無法影響特定情境或無力抵抗習慣性反應，進而擁抱內在的力量。爲了產生想要的結果，必須先相信自己與生俱來的能力，可以透過行動和意志來影響特定情境的結果。而這個過程，就從**注意力**開始。爲了理解我們為何這麼容易被恐懼和負面情緒「劫持」，讓注意力成為俘虜，就需要打開身體這輛汽車的引擎蓋，檢視思維過程的生理基礎。

我們將會發現，平靜和我們之間往往只有幾個深呼吸的距離。

跳下列車：後設認知的力量

顯化過程中最顯著的障礙，是將過多的力量集中在不愉快的感官刺激上，而不明白我們的力量取決於如何回應這些刺激。結果，許多人選擇迴避不愉快的感官刺激，但事實上，為了觸及內在力量，必須學會如何與這些不愉快的感受共處，而非反射性地逃避。只要做到這點就能明白：**重拾在面對不愉快處境時有辦法選擇如何回應的能力，才能啟動顯化的力量。**舉例來說，西藏僧侶會練習內火冥想（Tummo），這種冥想法結合了用力呼吸，以及常用於寒冷環境、想像身體特定部位燃起火焰的冥想練習。透過這種技巧，冥想者可以提高心率並維持穩定的體溫，甚至連浸泡在冰水中也能發揮效果，同時操控多數人認為無法自主控制的生理作用。事實上，就連你也能夠觸及看似無法透過意識控制或一向自動運作的各種過程。你需要的就是正確的訓練。我們必須學會抵抗本能逃避或否定不適感的衝動，並養成能長時間與其共處、直到不適感消失為止的能力。這正是迎向解放的關鍵。

荷蘭運動員溫．霍夫（Wim Hof）被稱為「冰人」，因為能長時間忍受極寒環境而聞名。他創下了在冰層下游泳和長時間全身接觸冰塊的世界紀錄（將近兩小時），也是在冰雪上赤腳跑完半程馬拉松的紀錄保持人。他將自己的成功歸功於所謂的溫．霍夫法（Wim Hof Method），這是種結合用力呼吸、接觸寒冷和冥想的訓練法。透過刻意過度換氣，溫．霍夫可以暫時抑制天生的生理反應，並提高心率和腎上腺素濃度。有趣的是，研究溫．霍夫的科學家發現，溫．霍夫法會啓動大腦皮質的高階區域（左前方與右中腦島），這些區域和自我反思有關，同時會促進在不利環境刺激下（例如寒冷）的內在專注力和持續注意力。換句話說，溫．霍夫對自身體驗充滿自信且無畏的**心態**，使他得以啓動更高層次的專注力，降低對時間和空間的感受，巧妙地讓注意力避開不愉快的生理感覺，並誘使身體略過正常的威脅反應。最終，他進入了長時間的心流狀態。

儘管我們會習慣性地認同外界環境帶來的負面情緒，但透過練習，每個人都有辦法察覺自己正在適應這種反應，並逐漸和它脫鉤。當一個人學會辨識負面習慣與內在覺察的區別時，便會發現這種情緒反應是日積月累而來的習性，並非無法擺脫的天性。隨著對自身習性的認同逐漸瓦解，身體和心智上的不適感也會逐漸趨緩。

確實，大多數人在顯化過程中都會迴避令人不適的體驗。雖然對大腦的生存系統而言，這些不愉快的感受既鮮明又有說服力，但不適感常源自痛苦的兒時經歷，說到底不過是爲了保護童年自我而創造出來的心理習性。正是這些在兒時學到的習性，決定了長大後對於各種體驗的反應，而我們往往不明白這些體驗在無意識中驅動了行爲，也從未有意識地評估過自己的行爲。若對此有所了解，便會發現它無法有效解決成人後面對的問題。第一個關鍵在於，爲了轉變我們與不適之間的關係，必須先意識到對於不適的想法，並認知到自己有能力和這些想法共處。這就是後設認知（metacognition）的力量，或者說，是有意識地觀察自身思維的力量。透過這個過程，就可以從內心的處境中抽離，並檢視思考過程，進而確實了解自己如何思考。第二個關鍵在於，當我們學會認清思維的過程，不被其中的戲劇化情節或故事過度吸引而認同時，才能夠「跳下思維的列車」。當注意力不再被身體和情緒上的不適激起的思維劫持時，就能開始轉向希望顯化的目標。

在意識層面上，**顯化是清晰且專注思考的過程**。事實上，當你處於求生模式或感到焦慮、壓力時，無法清晰地思考，且會恢復過去養成的行爲模式。你的體內皮質醇氾濫、處於高度警覺狀態，高層次的認知功能也被削弱了。就像安努拉一樣，我們屈服於生理反應，原本一身的才華、能力和意圖也受到剝奪。我們失去與大腦新皮質的連結，從而失去其所帶來的規畫、反思與洞察等高階能力，甚至無法展現同情心。壓力荷爾蒙會向細胞發出自我保護的訊號，變得更加利己，促使自我意識變得更加自我中心，將注意力導向即時的感官體驗，而非以更廣闊、更全面的觀點來看待現實。你在恐懼模式中陷得越深，思緒也越混濁，無法再透過原本視野清晰的窗戶來看世界，因爲眼前那扇窗已經模糊不堪。

當一個人失去對內在資源的把控，會發現自己很難做出決定，因爲高階認知功能已經被蜥蜴腦的生存反應劫持，而逐漸習慣這種狀態，日復一日，以至於徹底認同這種狀態。習慣性的負面情緒狀態和自我之間不再有區別，這種感覺就像被困在即將開往懸崖峭壁的火車上，儘管知道正迎向災難，也不相信自己有能力在火車墜崖前跳車。

重拾力量的第一步，是退一步看那列火車。儘管聽起來可能違反直覺，甚至有點愚蠢，但在火車即將翻落懸崖的那一刻，就是最有利於將意識轉向自身念頭的時刻。透過練習，會發現自己有辦法客觀、不帶情緒地看待思維。當我們置身火車月臺，而不是站在高速行駛的火車上時，就可以觀察面前飛馳而過的念頭。看清思想眞正的本質，是突破無助幻覺的第一道裂縫。當冷靜到足以清楚看見自身的想法時，將會有驚人的發現：**想法之間存在縫隙**。如同維克多．法蘭克所說，正是在這些間隙中，我們擁有能選擇如何回應的力量，而自由也存在於這些間隙中。

由於「戰鬥、逃跑或僵住」反應在意識心智中，時常以密集、高影響力的負面情緒來表現，所以最能有效培養內在力量感、同時也最直接的方法，就是學習在情緒層面上**與想法脫鉤**。了解演化和生理機制是用哪些手段來讓我們採取特定行動，或是以走捷徑的方式來思考事物並產生回應時，就有能力執行某種「手動覆寫」作業。意識到這些手段並看清其本質時，便能開始改變。以往面對刺激時，會有一套標準反應來應對；但現在，有一種新的反應方式：我們可以跳下這輛火車。跳下火車雖然是邀請自己踏上未知、無人走過且陌生的路，卻可能有助於逃脫自我構建的牢籠。

如果你處在「戰鬥、逃跑或僵住」的狀態，或許會想：「眼前的一切**發生在我身上**，我是受害者；我沒有自主權，而我又因爲負面思維讓處境變得更糟。」但我想說：「其實是你的思維正在影響自己的現實。你對思維的掌控力遠比你想像的還大，也因爲這個原因，你遠比自己想像的更有能力影響現實。」在你評估人生並思考該如何前進時，我鼓勵你別僅僅考慮負面的外在環境，而應該把**內在的心態**也納入考量。別將外在環境的證據視爲定論，或當作未來唯一會成眞的預言。**每一天都是改變的契機，你可以隨時調整看待世界的觀點和回應世界的方式**。

別誤會我的意思，習慣性負面思維爲身體帶來的不愉快感非常不舒服，可能令人難以忍受，讓人想逃之夭夭，或是回歸舊的應對機制。這是艱鉅的任務，需要極大的紀律與支持。對於在社會層面上受到系統性壓迫的人，讓心智從習慣性恐懼中解放的任務，感覺可能有如逆流游泳般困難，因為這會激起強大且經常帶有暴力的偏見力量，藉此對抗他們個人的主權意識。

然而，一旦明白可以更清明地以更強大的力量與自己的思維過程時時刻刻建立連結，就能開始嘗試**可以產生美好現實的念頭**。你將會明白，如果按照舊有的方式思考和行動，會產生一種版本的現實；若吸取教訓並**選擇不同的做法**，則會產生另一種更令人憧憬的現實。這個過程的奇妙之處，在於兩者使用的是相同的硬體，而當你下定決心要獲得美好的結果，雖然思維的途徑完全相同，卻透過正向的神經回饋**更新了軟體**。如斯多葛學派的哲學家愛比克泰德（Epictetus）所說：「重要的不是發生了什麼，而是你如何回應。」重點是：你需要邁出第一步。

練習：建構內在力量

當你感覺身體稍微放鬆時，回想一項你一直想做，卻由於某些原因從未去做的簡單活動。例如早起散步十五分鐘，或者下定決心不再喝汽水或喝酒。

1. 開始放鬆

①睡覺前，找張椅子以舒服的姿勢坐著，閉上眼睛並專注放鬆身體的每條肌肉。從腳趾開始一路往上放鬆到頭頂，同時以鼻子吸氣、嘴巴吐氣的方式緩慢呼吸。

②等到放鬆後，專注在呼吸上，以鼻孔緩慢吸氣，憋氣五秒鐘，再以嘴巴緩慢吐氣。

2. 將意圖視覺化

①持續前述呼吸法五分鐘後，想像自己正在做那項簡單的活動。而且不只是想像，也要看見自己在做那項活動。

3. 記錄你的意圖

①完成視覺化後，睜開眼睛，在紙上寫下你的目標或那項活動，並把紙張放在床頭櫃上。

4. 在潛意識中植入意圖

①躺下並閉上眼睛，緩慢呼吸幾分鐘，同時想像看見自己實現意圖。持續緩慢地呼吸，直到入睡。

5.審視意圖

①醒來時，坐起來閱讀那張紙，把關於你目標的念頭嵌入意念中，然後展開你的一天。

如果你下定決心早上要散步，就開始付諸行動。如果你決定不喝汽水，那每次面對選擇時就要先停下來，並選擇堅持不喝。每次完成承諾之事，都要爲自己喝彩，並在這張紙上寫下：「我恭喜自己完成這項任務。」

日復一日持續下去，就是在向自己證明，你有能力完成自己決定專注的任務。儘管這項任務也許很簡單，但完成任務的行爲，會啓動腦中把意圖嵌入大腦的相關過程。

持續這項任務，直到不再需要思考過程，可以自然而然完成爲止。這就是小習慣的力量。我的朋友福格（BJ Fogg）是史丹佛大學行爲科學家，曾寫過一本這個主題的書，書名叫《設計你的小習慣》（*Tiny Habits*）。他甚至提供了一組公式：B = MAP，意即：行爲（B，behavior）發生在動機（M，motivation）、能力（A，ability）和提示（P，prompt）齊聚一堂的時刻。

當心智和身體處於均衡與平靜的狀態，且得以運用想像力時，就能開始清晰地思考現在和未來想要顯化的目標。因此，下一章將會繼續探索顯化的六步過程，並進入第二步：釐清自己眞正的渴望。

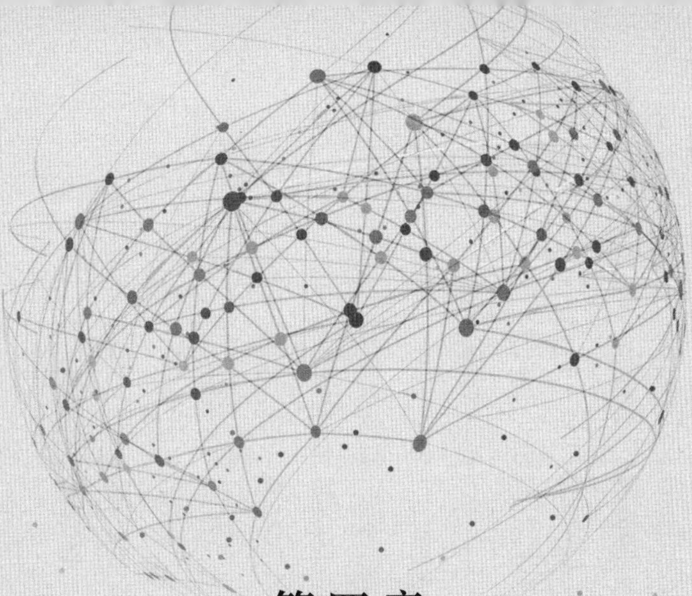

第四章

第二步

釐清自己真正的渴望

對於不知道航向何處的水手而言，永遠沒有順風。

——小塞內卡

連結內在羅盤

在奈諾亞．湯普森（Nainoa Thompson）展開歷史性的遠航，從夏威夷橫跨二二○○哩直達大溪地的旅程前，他的老師、波里尼西亞的大師級領航員毛．皮亞盧格（Mau Piailug）問了他一個問題。

當時兩人站在歐胡島東南岸的拉奈伊瞭望臺，像往常一樣觀察天空。毛指示湯普森仔細觀察每一顆星星、每一隻在天上飛行的海鳥，以及每一條卷雲和卷積雲，這些自然現象的動態軌跡都能用來預測天氣的變化。

湯普森此時正準備嘗試從十四世紀以來未曾有過的航海創舉：駕駛一艘名爲霍庫雷阿（Hōkūle'a，波里尼西亞語，意指明亮的恆星「大角星」）的雙船體木舟，在不使用西方導航儀器的條件下，從夏威夷航行至大溪地。這趟航程對湯普森和他的家鄉具有深刻的意義：證明古代波里尼西亞人是運用根據自然運行的複雜導航手法，有目的地穿越太平洋，而非如某些西方懷疑論者所主張的，只是被動地隨著洋流漂蕩或從美洲航行而來。毛來自一個瀕臨文化滅絕的民族，也是現存最後一批以古老方式導航的專家，而湯普森所受的訓練，正是他畢生熱愛故鄉島嶼和海洋的結晶。

毛站在岸邊，眺望著湯普森即將面對的波濤，問道：「你能指出大溪地的方向嗎？」

湯普森指著遠方。

毛接著說：「你現在能看見那座島嗎？」

湯普森一頭霧水。當然，他看不見遠在超過二〇〇〇哩外的大溪地，卻明白老師的問題再認眞不過。他沉思了一會兒，答道：「我看不見那座島，不過我能在腦海裡看見那座島的**形象**。」

毛說：「很好。千萬別忘了這個形象，否則你會迷路。」

接著，他轉向湯普森說：「我們上車吧，回家了。」

這是毛替他上的最後一堂課。湯普森後來說：「他告訴我，我必須相信自己，而且只要緊緊抓住目的地在內心的意象，我就一定能到達。」

這個故事是一位冥想老師告訴我的，他表示毛是在教導湯普森相信自己的內在羅盤，也就是**與生俱來的直覺**，這種直覺能指引他走上正確的方向，並在旅程中引導他。內在羅盤的概念一直影響著我，也幫我度過不同階段的人生。

開始練習顯化時，要先連結內在羅盤、連結目的地在我們心中的景象、連結遠方那座浮現在心中的島。這個形象能令我們充滿靈感、帶來能量，並指引我們度過旅程中必將碰上的浪潮起伏、機會和挫折。如果選擇了值得追求的目的地，將未來的航道託付給內心的願景，並在面對看似無法跨越的障礙、在無風帶停滯不前時依然堅持不懈，即便天空中所有熟悉的路線參照點都被雲霧遮蔽，內心的羅盤仍然會帶領我們安全抵達該去的地方。此時，必須把心思集中在值得追求的目的地。

但究竟什麼才叫作值得追求？

你想要什麼？

現今與顯化相關的話題，主要集中在追求鉅富，以及用社會上的物質標準衡量的外在成功，這種觀念曲解了顯化的作用與其更深層的潛力。可悲的是，顯化的力量已經被文化中的錯誤陳述所扭曲，使人誤以爲實現物質上的成就可以塡補情感上的空虛。那時坐在豪宅裡雙手抱頭的我，徹底明白了根本就不是這麼回事。事實上，顯化根本不是爲了獲得物質上的富裕。某種程度而言，僅僅想像和追求物質利益就是把夢給做小了。現在想想實在有點諷刺，我十二歲時想要得到的島嶼，是個完全屬於自己的私人地方，島上奢華的一切僅僅象徵我個人的榮耀；反觀奈諾亞．湯普森，他心中想像的大溪地不只對他自己，更對他的整個族群和血脈都有著深刻的意義。我們兩人想像的都是島嶼，目的卻截然不同。

明確了解自己眞正想要的是什麼，能將內在羅盤指向正確的方向，成爲構建意圖的基礎，再有意識地將此意圖嵌入潛意識中，加以顯化。隨著閱歷不斷增加，需求與渴望也會不斷演變。在心理學家馬斯洛（Abraham Maslow）提出的需求層次理論中，我們必須先滿足基本的生理需求，包括呼吸、清水、食物、衣物和住所。只有當這些基本需求被滿足了，我們才能將精力與注意力集中在其他事物上，例如與他人連結的需求，以及超越基本生存的事物，像是他人的苦難。這是人類的現實。好消息是，**無論你處於需求層次的哪個階段，顯化都能助你一臂之力。無論你需要什麼，顯化都能幫助你找到。**

當我還是個窮小孩時，我的顯化起初專注於滿足家人的物質需求。之後，我利用顯化念了大學，又念了醫學院，接著用來在職業生涯中取得進展，而在這之前，我從未考慮過把自我實現當作目標。就像所有人一樣，我也需要先取得一定程度的穩定、富足和價值，才能將注意力轉向在世界上實現更爲崇高的目標。

首次發現內在力量的深度和潛力，知道可以透過選擇來改善人生時，也許會覺得未來的遠景令人眼花撩亂。隨著重新連結自主的力量，剛開始可能會被責任感壓得喘不過氣，覺得一切都是自己的責任，並對其實無能爲力的事感到自責。我們可能需要練習，才能校正自己的認知，以正確觀點看待內在力量。下一章將具體探討該如何克服這些障礙，放掉已經無法造福我們的思維模式，並學習有所助益的新模式。

或者，重新找回內在力量可能會讓我們感到解脫，並享受一種嶄新的自由感。我們可能感受到喜悅與開闊，這股潛力似乎無窮無盡，從而使我們被興奮之情給沖昏頭。我們會急於追求各種夢想，以及埋藏心中已久的渴望和願景，如電影般生動的畫面在我們的視野中川流不止。

我們想要的，或是別人說我們應該想要的一切，全都一股腦地湧入腦中。原來，我們想要什麼並不如自己所想的那麼清晰。當我們嘗試將欲望帶來的無數意象整理出脈絡時，會意識到它們的來源各不相同：也許是自身文化覺得有價值的、家人認爲值得追求的、朋友或社交圈珍視的，以及令人遺憾的，是我們的傷痛認爲必須擁有才能過得去、才有安全感的事物。然而透過這些干擾，我們會默默開始接收到心中最深切的渴望。在試圖理解這些紛亂擁擠的欲望時，我們可以看見，要明白自己眞正的渴望和値得追求的目標，需要克服什麼樣的挑戰。我們開始對內在羅盤有了清晰的認識。

爲了開始拆解有時糾結難分的需求與希望、夢想與志向，反思你對成功的想像或許會有幫助。成功對你來說，到底意味著什麼？成功看起來是什麼模樣、是什麼感覺？這項練習讓你有機會親身審視並探索你所追求的成就感。

練習：你眼中的成功是什麼模樣？

1. 做好準備

①找個適合練習的時間和場所，確保不會受到打擾。

②別在壓力大、有其他事情分心、二十四小時內曾經飲酒或使用娛樂性藥物，或是疲累的時候進行練習。

③手邊準備一疊紙張和一枝筆。

2. 開始靜下心來

①以輕鬆的姿勢坐著，閉上雙眼，深呼吸三次。

3. 觀想成功的模樣（視覺化）

①在心裡喚起你想像中的成功是什麼模樣。不要刻意停留在某一幅景象或某個念頭上，而是自由想像你成功的樣子，以及這副模樣對你有什麼意義或暗示，持續幾分鐘。

4. 掃描身體

①坐直並持續閉上雙眼，用鼻孔緩慢吸氣，再用嘴緩慢吐氣，以這種方式呼吸三次。重複相同呼吸方式直到覺得舒適且自然。

②現在從腳趾開始放鬆全身肌肉，由下一路往上放鬆到頭頂，並在專注放鬆身體的同時感覺越來越輕鬆、越來越平靜。在此過程中，你會發現有股平靜感包覆著你，讓你感到安穩無比。隨著你繼續緩慢吸氣和吐氣，你不再擔心別人會評判你、批評你的夢想和志向。

③持續緩慢吸氣、吐氣，感覺全身舒適，徹底放鬆。

5.更全面地觀想你的成功

①再次想像你心中的成功是什麼模樣，但這次要更加專注在你的成就上。將自己獲得成就的樣子視覺化，用內心的眼睛觀看自己成就斐然的模樣。在緩慢吸氣、吐氣的同時想像每一個細節。探索你的五感：成功看起來是什麼樣子、會帶來什麼感覺、聽起來像什麼聲音、聞起來像什麼氣味、嘗起來是什麼味道？持續緩慢吸氣、吐氣。

②現在你已經可以看見所有細節，慢慢睜開眼睛，持續緩慢吸氣、吐氣、吸氣、吐氣。

③感覺自己放鬆且平靜。

6.將你想像的成功記錄下來

①拿起紙筆，用至少五分鐘的時間，把你在想像自己成功時在內心看到的一

切，以自己的話寫下來。寫得越鉅細靡遺越好。要寫成幾個句子或是一整段話都可以，重要的是定義出你所認爲的成功。

②現在閉上雙眼單純地坐著，用鼻孔吸氣、用嘴吐氣，緩慢呼吸三到五次，接著睜開雙眼。

7. 回顧你寫下的內容

①首先，在心中默唸自己寫下的字。

②接著大聲讀出自己寫的內容。

③閉上眼睛，花幾分鐘靜靜坐著，回想自己心中的成功。

8. 欣賞自己的成功

①感受一下，在你顯化自己的成功時，那份滿足感讓你覺得多麼放鬆且平靜。

我鼓勵你把寫下的那些關於成功的內容，放在時常能看見的地方。有些人會貼在冰箱或放在書桌上，也有人會摺起來放進皮夾或錢包，每當排隊等待時就拿出來讀。你可以朗讀這些內容並錄下來，在起床或睡前播放。你甚至可能會產生靈感，創造它的視覺象徵，例如用雜誌剪下的圖片做成拼貼畫，或是創作一幅素描或油畫。稍後將更詳細探討，如何將其在意識心智中的形象與體內強烈的正面情緒反覆結合，藉此訓練潛意識來尋求我們的願景。

請記住，對於成功的願景會不斷演變。你今天寫下的內容可能完全符合自己眞正渴望的一切，也可能只是這輩子不斷精煉的起點。成功現在感覺起來或許很模糊又難以捉摸。在我第一次開始顯化時，露絲教我想像自己看著一扇霧氣濃厚的窗戶，就像車內因爲寒冷而起霧一樣。我當時的渴望是成爲醫生，而這個渴望就在窗戶的另一邊。隨著我不斷練習將目標視覺化，這扇窗戶也變得越來越清晰。

重視滿足感

從貧窮邁向富裕，之後破產再重回富裕的這段經歷，讓我學會該如何篩選欲望所帶來的無窮無盡意象。開始練習辨別各種欲望時，可能會聽見潛藏在內心最深處的渴望，並得以分辨自以爲想要和眞正需要的差別。

我的關鍵策略是，反思自己在生命中曾經感覺良好、滿足、受人關愛或眞正成功的時刻。當我們開始思考想要顯化的目標、該如何設定意圖，以及該將注意力集中在何處時，回想人生中某個從內心和直覺上都知道自己走在正確道路上的時刻，將大有幫助，並能藉此校準內在羅盤。問問自己：「有哪些事讓我一直都感到溫暖？我曾經在什麼時候感受到深刻的滿足、圓滿又表裡如一？」

也許是被心愛之人包圍，盈滿溫暖的安全感和情感連結的時刻；或者是全心投入並沉浸在某個活動中，轉眼間就從早晨變成夜晚的時刻；又或是受到善良的照顧者給予關愛與呵護的時刻；抑或是自己做出簡單善舉的時刻，像是爲某人做一頓飯、在喜歡的公園撿起垃圾，或是待在某個臨終之人床邊握住對方的手；也可能是目睹高聳的山脈或河水川流不息的力量時，體會到自我渺小又與萬物相連這番崇高感受的時刻。當你的內心之眼喚起這些記憶時，試著注意感官上的細節，例如水面上的光影變化，或是心愛之人臉上的細微動作。同時也要留意你的身體感覺：你能否再次體驗到那股溫暖、震顫、輕盈或開闊的感覺？

像這樣改變觀點及反思過往經歷，其價值在於你開始觸及副交感神經系統啓動時所產生的強大又全面的情感：驚奇、敬畏、相互連結、感恩或靈感上的啓發。這類情感使我們接觸到最高尚的自我、最崇高的目的感，以及內心的那份偉大。這些正面的回憶包含的不僅是個人層面的回報和滿足感，同時也幫助了其他人，無論是家人、朋友或更廣泛的人群。反思這些正面情緒，有助於篩選心中爲數衆多的欲望，並分辨出哪些是眞正值得追求的目標。我們甚至可能感受到超越自己對「存在」的有限觀點，開始能夠體會與萬物合一的境界。

假如你覺得搜尋這種正面回憶很困難或痛苦，請別感到沮喪。**透過想像力創造出來的經歷也同樣有用。**有時我們需要先利用想像來體驗某些事物，才能準備好在現實中經歷相同的體驗。想像的力量在於，儘管創造的意象不是眞的，但我們**全身心投入**這些畫面時所體驗到的**情緒**卻同樣眞實。

先前提過，大腦無法區分哪些身體經歷是眞的，哪些只是出於強烈的想像。重要的不是哪些特定經歷或情境能引發積極正面的情緒，而是要讓身體產生這些情緒及隨之而來的「快樂荷爾蒙」，明白這點可以帶來強大助益。

重點在於，**對正面情緒的體驗，無論是出於想像或源自回憶，都能教導潛意識關注這些體驗。**像是多巴胺和血清素這類神經傳導物質釋放後，會引起大腦的注意，藉此使潛意識準備好尋求現實中類似的經歷，並以強大的韌性持續追求。

克莉斯汀．瓦姆斯勒（Christine Wamsler）是瑞典隆德大學的教授，也是永續發展與相關內外部轉型過程的專家。她認爲透過在文化層面上根深柢固、關於萬物彼此分離的說法，追溯如氣候變遷等永續危機的根源，能讓人們看見透過冥想和培養對自己及他人的慈悲心來實現內在轉化的潛力，而這也將進一步促成外在世界的連結和轉變。

她告訴我，她一直在研究冥想和視覺化技術。透過個人探索，她親身體會了正面情緒在運用視覺化技術時的重要性。這些年來，她的內在驅動力和目標是藉由對心智的科學理解來舒緩痛苦，並促進一個更加永續和公義的世界。不幸的是，她的內在轉化受到當前體制和政治結構的阻礙，進而影響了她實現外部轉變的能力。

起初克莉斯汀並沒有資金能進行這類工作。她的女兒從零用錢中拿出二十歐元來支持她，深深感動了克莉斯汀，也激勵她利用內在力量追求自己的目標。於是她決定，每晚睡前都要想像看見一位同事走進她的辦公室，並告訴她這項工作得到了資金支持。她會想像自己和同事分享喜悅，並和家人一起慶祝，看見他們的笑容和炯炯有神的雙眼，接著有意識地校準心中的正面情緒。在體驗這些情感時，她感覺全身盈滿深刻的幸福與心流感。

她還記得，這些視覺化想像讓她感到非常開心又興奮，甚至激動得難以入睡，便提早在白天進行練習。正面情緒向她的潛意識發出強烈的訊號，表示成功獲得資助具有重大意義，因爲她的研究對社會有深遠影響。隨後在二〇一九至二〇二〇年間，她僅僅在幾週內就收到多筆研究補助，其他人也紛紛對她的計畫提供支持。

越常利用意識的自主性，將注意力集中在渴望實現的意圖上，並透過強烈的正面情緒連結來突顯這項意圖的重要性，就越能將其顯著性深刻傳達給潛意識，而潛意識是採取行動實現目標時最強大的盟友。**當內在羅盤與內心渴望的方向越一致，在反思時就越容易喚起正面情緒。**

正面情緒的力量

正面情緒能啓動大腦的獎勵系統，使內在羅盤持續指向意圖，同時幫助我們擺脫束縛，不再受困於以往爲了應付環境所塑造的舊有模式。要讓潛意識明白某個意圖的價值，最有力的方式便是連結意圖和身體當下所體驗到的強烈正面情緒。越是生動地想像自己的意圖，就越能在情緒層面上強化內在的體驗；而內在體驗越是在情緒層面上被強化，就越有可能吸引並抓住注意力，從而提醒大腦在未來對其給予更多關注。

關於大腦如何將輸入腦中的資訊分類，其中一步是透過名爲「價值標籤」的程序。價值標籤是警覺網路的一部分，對進入大腦的資訊選擇性給予不同的重視程度，包括關乎歸屬感、與他人連結的強度及生命意義的情感內容，還有我們的生理機能和即時生存。強烈的正面情緒會向潛意識發出訊號，表示這個意圖具有重大意義，並且值得透過行爲來加以培養。有鑑於此，進行視覺化練習時，除了鉅細靡遺地想像實現目標或意圖的具體情境，還必須專注於自己的內心，在當下體驗身體裡的喜悅、慶祝、滿足與連結感。

可以這麼說，正是意識在情緒層面上的這種「pH」值變化向大腦送出訊號，改變了你的硬體設定，使其優先考慮未來能夠喚起類似正面情緒的體驗。**情緒來自何處其實並不重要**，重點是你能產生這些情緒、認清它們的重要性，並且花時間細細品味。你是在教導大腦感受並熟悉那些深刻又真實的幸福感，而擁有這些情感，才能夠指引大腦形成**新的神經迴路**。正面情緒能使特定體驗的顯著性提升，並教導大腦明白這類體驗既重要又值得追求。隨後，它們便扮演著指南針或「北極星」的角色，指引你的意圖應該朝向何方。

獲取想像的力量，是提高副交感神經系統影響力的其中一項關鍵效益。當副交感神經系統啓動，大腦的執行控制區域便能獲得做出選擇的能力，選擇不再自動進行，而是將所有體驗整合成意識中一幅全面性的圖像。你會因此變得具有**創造力**：透過獲取豐富的原始材料，包括你所記得的過去、當下的體驗及想像出來的可能性，你的大腦得以將這些材料自由地**重新組合**，合成新的圖像、行爲序列或模式來讓你依循。

交感神經系統專注於過去和潛在的危險，會關閉積極正面的想像力，使我們看不見各種可能性，在關乎改善生活、體驗更美好的情感連結、滿足感和幸福感這方面尤其如此。沒有了想像力，又沒有好奇、靈活和開放的心態來思慮未來的願景，我們便失去了一具強大的引擎，無法脫離負面經歷和負面認同所構成的惡性循環。

爲了擺脫被環境困在舊有模式中的束縛，必須有能力**自行提供**生動、情感強烈，並超越時間限制的**內在體驗**，藉此推翻使我們坐困其中的**情緒依賴**。我們必須不再受限於他人所下的指導棋。透過強烈想像根植於內在羅盤的正面體驗，喚醒正面的情緒，進而利用這些情緒的力量、甚至是魅力，引領自己走出困境。接著便能採取行動，在現實中創造這些體驗。

隨著反覆練習將渴望的成果視覺化，想要體驗願望實現的意圖將爲注意力（進而是潛意識）賦予一定的動力，來影響結果。這是無數菁英運動員長年使用、反覆實證的實踐法，他們在參加大賽或競技之前，都會在腦海中演練成功執行某項技術的情景。研究甚至顯示，光是想像鍛鍊肌肉，就能導致肌肉量顯著增加；而想像排練鋼琴演奏時，無論是否實際接觸到琴鍵，都能大幅提升音樂家的表現。

矛盾的是，透過心理上的演練與視覺化想像，我們是在「提醒」自己，當未來的某一刻實現目標時，這種正面的結果將會帶來什麼感覺。我們的大腦其實可說是「回到未來」。

練習：誘發正面情緒

1.做好準備

①找個適合練習的時間和場所，確保不會受到打擾。

②別在壓力大、有其他事情分心、二十四小時內曾經飲酒或使用娛樂性藥物，或是疲累的時候進行練習。

③手邊準備一疊紙張和一枝筆。

2.回想美好感受

①在開始前，以舒服的姿勢坐著，閉上眼睛，回想一個或數個讓自己感到滿意、開心和充實的時刻。

②不要刻意停留在某一幅景象或某個念頭上，而是讓心思自由想像生命中讓你感覺到安全、受到保護、放鬆、平靜、開心又充實的體驗。

③靜靜坐著幾分鐘，回想這些感受。如果你認爲自己沒有這種體驗，就單純想像這會是什麼樣的感覺。

3.掃描身體

①坐直並持續閉上雙眼，用鼻孔緩慢吸氣，再用嘴緩慢吐氣，以這種方式呼

吸三次。重複相同呼吸方式直到覺得舒適且自然。

②現在從腳趾開始放鬆全身肌肉，由下一路往上放鬆到頭頂，並在專注放鬆身體的同時感覺越來越輕鬆、越來越平靜。在此過程中，你會發現有股平靜感包覆著你，讓你感到安穩無比。隨著緩慢吸氣和吐氣，你感覺到一股溫暖和接納感，不再擔心別人會評判你、批評你的夢想和志向。

③持續緩慢吸氣、吐氣，感覺全身舒適，徹底放鬆。也許會產生看似負面的念頭，就讓它們輕輕掠過，不要執著，並重新專注在原先的目標上。

4. 回想安全的感受

①回想安全是什麼樣的感受。許多人此時會想到和母親或心愛之人牽手、擁抱，那種受到保護、無比溫暖又無憂無慮的感覺。

②如果你想不到有類似感受的回憶，別擔心，儘管運用想像力，激起能帶來溫暖、安全和無條件呵護感受的意象。你可以想像自己被靈性指引者、動物或單純被生命的心跳所安撫的模樣。

5. 喚起美好感受

①在這個狀態下，特別專注在對自己的正面想法、你所喜愛的自身特質，或是曾經給予他人愛、關心與滋養的事件上。

②隨著緩慢地吸氣、吐氣，你感受到深刻的滿足，心中充滿正面情緒。你被這些感受包圍，明白自己的滿足感與充實感不僅是來自所受到的支持與滋養，也來自你對他人付出的愛與關懷。

③在心中觀察自己如何體驗開心、充實、溫暖與愛的感受，那是獻給自己的愛，也是無條件給予他人的愛。隨著緩慢地吸氣、吐氣，試著盡可能想像每一個細節。

6. 加深美好感受

①緩慢地吸氣、吐氣。看著自己被愛與愛人的模樣。感受開心、滿足和充實感如何影響你的身體。感受你的心跳如何放慢、呼吸如何變得自然。感受負面情緒如何離開你，並被你對自己的正面念頭和情感、你在世界上扮演的角色，以及你對他人付出的關愛所取代。

②靜靜坐著，回想這些細節。沐浴在這些感受中，持續緩慢地吸氣、吐氣。

③你覺得放鬆又平靜。

7. 將你的體驗記錄下來

①拿起紙筆，用至少五分鐘的時間，寫下你回想對自己的正面感受時所看見的畫面，包括你是誰、你的能力，以及這些能力如何對他人帶來正面的影

響。

②在回想這些情緒時，你會覺得安全、溫暖，同時深刻地感覺自己無所不能。

③寫得越鉅細靡遺越好。要寫成幾個句子或是一整段話都可以，重要的是你正在爲自己定義關愛與滋養的力量，以及你在這麼做時會如何影響你的身體。

③現在閉上雙眼單純地坐著，用鼻孔吸氣、用嘴吐氣，緩慢呼吸三到五次。

8. 回顧你的體驗

①現在睜開眼睛。首先，在心中默唸自己寫下的字。

②接著大聲讀出自己寫的內容。閉上眼睛，靜靜地沉浸在那些關於關愛與滋養力量的思緒裡幾分鐘。

③現在，想像那份關愛與滋養如何帶給你安全感。

9. 在潛意識中植入你的體驗

①你很滿足，因爲你被愛著，而且有能力把這份愛不僅給自己，也給別人，並藉此創造對自己的深刻正面感受。感覺一下這份滿足讓你多麼放鬆、平靜。有意識地將這些感受與你的內在羅盤相互連結。

②透過處於平靜狀態的內在羅盤，教導你的潛意識明白什麼才是重要的事，並爲你打造合適的內在環境，讓你顯化最大的渴望與心願。

兩種幸福

哲學家、精神導師和科學家曾經辨別出兩種形式的幸福：享樂式幸福和意義式幸福。享樂式幸福（也就是我們常說的「快樂」）只是短暫的感受，特徵是放在追求愉悅與避免痛苦上；意義式幸福則更著重於意義、實現自身潛力並對社會有所貢獻，最終換來長久的幸福感。在這兩種幸福中，究竟哪一種能帶來眞正快樂的人生，已經爭論了幾個世紀。古希臘哲學家阿瑞斯提普斯（Aristippus）認爲，人生的目標在於盡可能體驗更多的歡樂，所謂幸福就代表一個人所有歡樂時刻的總和；而亞里斯多德則主張眞正的幸福源自做出眞正值得的事。儘管這兩種幸福息息相關，並時常重疊，但眞要說起來也可以有極大的差異，而這些差異對我們的行爲、人際關係、身體健康和長壽具有深遠的影響。

二〇一三年，一組心理學家調查了將近四百名成年人，這些人的共通點，都是想在人生的許多面向中尋求快樂程度與意義之間的關聯，包括行為、情緒、人際關係、健康、壓力程度、工作生活和創意追求等層面。他們發現，雖然快樂的人生和有意義的人生通常有所關聯，但並不見得會同時發生；他們也透過統計分析來區別這兩種幸福，發現所謂有意義（獨立於快樂之外）並不一定與舒適和富裕等社會標準有所關聯，但所謂快樂（獨立於意義之外）則與這些社會標準有關。他們還找出充滿歡樂的人生和充滿意義的人生之間的主要差異。

快樂通常聚焦於當下，而意義則著重於反思過去、現在和未來之間如何演變。正如先前所提到，快樂通常是短暫的體驗，而意義能帶來更長久的滿足感。源自美好感受的快樂，往往與自我中心的「索取」行為有關，而有意義的感受則往往關係到無私的「付出」行為。快樂仰賴於舒適、輕鬆和便利的感受，而有意義的人生則往往涵蓋大量具有挑戰性，甚至會帶來壓力、擔憂和焦慮的體驗。最後，以富有創意的方式來表達自我，並且關心個人、文化和社群認同，通常能造就充滿意義的人生，卻不一定能帶來快樂的人生。

許多人追求物質文化中的「快樂」形象，也就是享樂式幸福，或是讓自身所有渴望都得到滿足。然而在大多數情況下，追求這樣的目標無法長期帶來美好人生的感受。雖然的確得先滿足物質需求，才有辦法專注於探尋意義和目的，但到了某個程度，物質享樂帶來的滿足感會逐漸減弱。因此，健康、富裕和輕鬆的人生能提升享樂式的幸福感，卻終究無法滿足人生的意義。對多數人而言，只有過著充滿意義、目的，並且奉獻於超乎自身以外更宏大事物的人生，以此換來意義式的幸福感，才是眞正持久的幸福。

讓人生充滿意義有益健康

這兩種幸福的差異，就刻在我們的細胞裡。研究員芭芭拉．弗雷德里克森（Barbara Fredrickson）和史蒂文．科爾（Steven Cole）在一項研究中，調查了由八十四名參與者自我回報的快樂感與意義感。爲了評測快樂感，研究員提出了像是「你有多常感到快樂？」、「你有多常感到滿足？」、「你有多常對人生感到興致高昂？」等問題。參與者回報的「享樂式幸福」感越頻繁，在快樂項目上的得分就越高。而爲了評測他們的意義感，研究員也提出一系列問題，來檢視參與者對於自身以外更宏大事物的傾向，包括「你有多常覺得自己的人生方向明確？」、「你有多常面臨需要克服挑戰、讓自己變得更好的體驗？」，以及「你有多常覺得自己有能力爲社會做出貢獻？」等問題。

記錄下每位參與者的快樂感和意義感後，研究員進一步檢查了他們體內特定基因的表現程度。身爲基因學家的科爾，早先已經辨別出與各種長期逆境相關的特定基因表現。失去心愛之人的悲痛、財務困難、孤獨感或軍事衝突等體驗，會導致身體進入戰鬥、逃跑或僵住模式，亦即神經系統陷入了反映威脅、分離和失去連結的模式。當身體持續處於威脅感之中，便會觸發一種基因模式，有以下兩大特徵：負責發炎反應的基因活性增強，而涉及抗病毒反應的基因機能下降。換句話說，當身體預期會遭遇**逆境**和**孤立**時，會做好對抗**細菌**感染的準備；而當身體狀況良好並感受到**社交連結**時，則會準備好對抗**病毒**。

這種基因模式揭露了人類演化史上的印記：早期人類在遭受孤獨和隔離所帶來的負面影響時，更容易因爲受傷而感染細菌；而當我們的祖先融入部族或聚落的社會結構後，則更容易因爲與不同人群長期接觸而感染病毒。我們身上仍舊攜帶這種基因上的傳承，而事實證明，這種**基因特性**也直接參與了我們**對幸福的思辨**。

當研究人員檢查參與者的基因時，有個令人驚奇的發現：回報具有高度快樂感但**缺少意義感**的人，與那些面對**長期逆境**（例如長期處於悲傷或孤獨）的人，表現出相同的基因模式。儘管時常享受身體層面的快樂體驗，但他們的身體卻存在**容易發炎的基因**。從演化的角度來看，沒有意義的愉快體驗，無論是來自酒精和毒品、濫交，或是在購物網站按下了「購買」按鈕等，都會賦予身體類似長期處於逆境的感受。如今，發炎已被證實與心臟病及多種癌症在內的嚴重健康問題息息相關。然而，高達七五％的參與者回報快樂感較高、意義感較低，只有二五％的參與者回報有「幸福」的感覺，也就是在生活中感受到的意義多過於快樂。

儘管現今許多文化將物質上的福祉奉爲最高目標，但讓人生充滿意義所能帶來的健康益處卻不可否認。抱持強烈目標感的參與者，即使未必感受到享樂式的快樂感，卻具有與減少壓力反應和發炎作用相關的基因表現。他們的免疫系統不再像我們的祖先那樣，把重心放在應付獨自處理傷口時可能面對的細菌感染，而是改爲準備對抗存在於群體生活中、透過各種社交連結所傳播的病毒。他們的身體有能力分辨其中的差異。透過這個現象，我們可以從基因層面發現**心率變異性**的表現其來有自：能夠感覺與他人的連結而動態式跳動回應的心臟，會產生一種能顯著改善身體與心理健康的和諧狀態；而感覺到孤立感的心臟只能僵化地依照獨自的節奏跳動，從而導致心血管和呼吸健康不佳與其他疾病。

反思對成功的願景時，或許可以將這些發現納入考量。注意到某個欲望時，或許可以問問自己：「這個欲望背後代表了什麼渴望？這個欲望和我最深切的福祉一致嗎？這個欲望能不能造福我身邊的人，讓我與他人建立連結？這個欲望在我的細胞裡如何體現？它可能對我的身體、心理和情緒健康帶來什麼樣的長期影響？」

開始顯化意圖時，可能會面臨自我懷疑、恐懼，或覺得自己像是個冒牌貨。這是心智在面對未知的自然反應。當你不相信自己有能力改變現況，就會被根植於恐懼中的潛意識習慣所束縛。對自己與世界的負面信念，限制了我們看見未來的可能性；透過限制我們對自己的想像，這些負面信念決定了我們所能觸及的欲望，並迫使我們妥協於實際上無足輕重的渴望，或是並非我們最想要的選擇。假如我們不相信自己有能力，或是值得擁有某件事物，那繼續渴望它將會非常痛苦。因此，我們即將邁入第三步：消除心中的障礙。下一章會探討在顯化過程中常見的障礙與錯誤信念，以及如何善用憐憫心來克服這些問題。

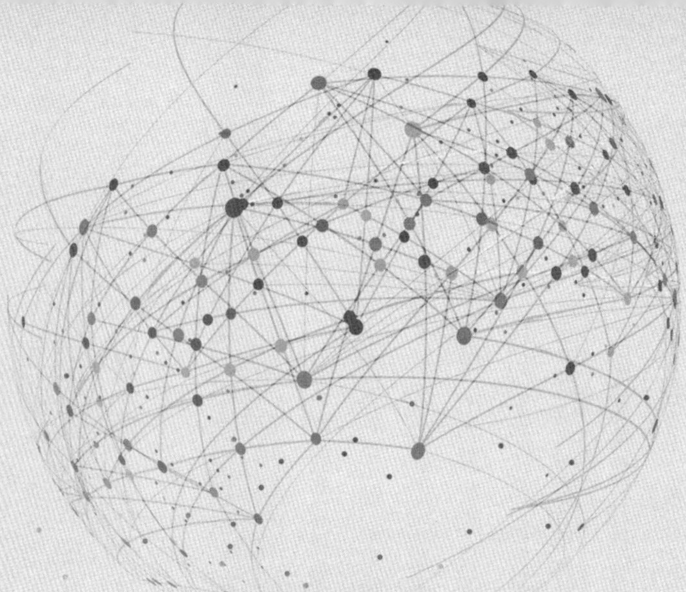

第五章

第三步

消除心中的障礙

必須將心智從舊有的習慣、偏見、限制性思維過程，甚至是平凡的思維中解放出來。

——李小龍

靈魂出竅之旅

在我十二歲時，我造訪了大氣層上層的國度。

出發地點，是我的床。

我每週都會跟哥哥一起離開公寓，沿著鐵路軌道走上一到兩哩，直到公立圖書館那條街的平交道爲止。我們的運動鞋踩著腳下的碎石，鋼鐵軌道的反光映著南加州的熱浪。抱著對圖書館內冷氣的感激之情，我們在書架間來回穿梭，最後都會一次借滿十本書的上限，再抱著這些書一路沿著鐵軌走回家，並在共用的臥室裡閱讀。儘管我們分別踏上了自己的旅程（哥哥發現自己擁有視覺藝術家的天分，並探索著青少年同性戀的身分），我依然很感謝當年借書儀式讓我們共度的時光，也記得走在鐵軌上稍微慢他幾步、手裡抱著最新的寶藏，那種無比喜悅的感覺。

有一年夏天，當我讀完所有《哈迪男孩》和《福爾摩斯》後，偶然來到圖書館擺放靈性書籍的書架前，研讀了預言家艾德加．凱西（Edgar Cayce）、瑜伽大師尤迦南達（Yogananda）和斯瓦米．維韋卡南達（Swami Vivekananda），以及宗教運動艾肯卡（Eckankar，教導信眾可以超脫於肉體之外體驗靈魂的存在）創辦人保羅．特維克爾（Paul Twichell）等人關於神祕體驗的記載。最後，我認識了秘魯裔美國神祕學導師卡洛斯．卡斯塔尼達（Carlos Castaneda），並讀了他的第一本書《巫士唐望的教誨》（*The Teachings of Don Jaun: A Yaqui Way of Knowledge*）。

由於迫切想逃離原生家庭，對於超越狹隘又痛苦的生活環境這檔子事，我產生了濃厚的興趣。在沒有人帶領的情況下，我開始嘗試「靈魂旅行」和靈魂出竅的體驗。某天夜裡我躺在床上，先做了呼吸練習，並嘗試讓靈魂穿越到其他的現實界。剛開始什麼事也沒發生。接下來，伴隨著一絲喜悅和不安，我感覺到意識向上浮出身體，飄過一排排綠色塑膠小兵人偶，飄向上面的窗臺，穿過窗戶，飄進外頭那棵樹的樹枝，我可以坐在樹上，回頭看著在臥室裡睡覺的自己。同時存在兩個地方、體驗到兩個自己的感覺，既可怕又令人興奮，而且似乎爲我開出了一條路，通往渴望已久的自由與獨立。如果當時我知道，十六年後美國中央情報局會提出一份官方報告，計畫將這類體驗應用於軍事任務，讓特務團隊同時靈魂出竅，並將出體後的意識送往世界的另一頭，以國家安全爲名監視蘇聯最高機密的軍事項目，我肯定會激動無比。但在當時，我以爲自己是萬中選一。

從幼年到成年初期的人生階段，是自我意識發展的時期，而我現在明白，我當時是在探索可以讓我在更加廣闊的世界中暢遊的內在力量與資源。透過這些運用意識和想像力的旅程，我開始得以窺見**顯化的力量**。

靈魂出竅的成功經驗激勵了我，決定進一步挑戰自我，開始嘗試所謂的「靈魂投射」（astral projection，又稱「星體投射」），藉此造訪不同層次的存在。我對這些靈魂旅行保密到家，對我哥也隻字不提，所以並沒有前輩或導師來引導或建議我放慢步調。此時，我不再止步於窗外的樹木或地球上的實體地標，而是離開身體並升上更高的國度，高到我已無法再看到自己睡在臥室裡頭的身體。第一階段只有一片黑暗，我不再意識到下方的世界，發現自己能在這片黑暗中移動，並前往更遠的地方。我來到一個完全被迷霧籠罩的層次，且開始發現，在某些地方，我感受到不可思議的愛與連結。而在一些其他地方恰恰相反，我感受到各種靈體飄浮其中，像是種威脅與惡意的存在，感覺就像在煙霧彌漫的房間中移動，完全不存在形體，但我能感覺到邪惡的存在，只要它們靠近，我就會覺得背脊一陣發涼。

由於沒有前輩向我解釋一切是怎麼回事，這些靈魂旅行往往令我害怕，醒來時總感覺全身癱瘓，內心充滿極大的恐懼，害怕其中哪個靈體會奪走我的靈魂，胸口的壓迫感更令我難以呼吸。有時我會驚恐地哭喊，把我哥給吵醒，但他總覺得我只是做噩夢。今天，你可以說我當時陷入了所謂的入睡前幻覺，這種幻覺會發生在清醒過渡到睡眠的過程中，此時已不再對環境有覺察，但腦幹仍處於活躍狀態，從而出現短暫的知覺體驗。但當時我並不知道，這些體驗其實替我上了第一課，教會我如何有意識地與杏仁核合作；**杏仁核**是大腦邊緣系統的一部分，負責調節恐懼、焦慮等情緒，也是**大腦進行顯化時的第一位守門人。**

接納恐懼，與杏仁核當朋友

我的靈魂之旅變得太過嚇人，讓我往後幾年不再進行任何與出體相關的心智練習。我試著處理這些體驗，並試圖與讓這一切變得如此可怕的那部分自我建立連結。最後，我終於有信心再度嘗試靈魂旅行。當我重新展開練習，已經比以前更加成熟、強大，於是我再次升上更高的國度，穿越充滿迷霧的空間。我記得再次感受到其中一個「邪惡靈體」的存在，但我的反應已經不同了。這一次，我直覺明白這些「邪惡實體」之所以會顯現，是源自我對自己內在陰影所表現出的脆弱：源自我對未知的恐懼，也源自我在求生時試圖保護自己的無力感所催生出的侵略性格。在本質上，我明白我害怕的是自己的**恐懼**。

帶著對自己的憐憫之情，我明白當那個充滿威脅的存在靠近時，我其實是在面對自我認知中**被我排斥的自己**，而我可以選擇抗拒或接受。在那一刻，那個曾經在煙霧瀰漫的房間中讓我心生恐懼、有如陰影般的存在，直接進入了我的體內，我吸收了它，而且再也不怕它。當我不再抗拒，也就不再感到恐懼，它因此與我合而為一，也讓我領悟到**它是我的一部分**，但不必讓它主導我的人生。我同時意識到，它在某種程度上曾經幫助我生存下來。

如今，我明白這段經歷對我在顯化實踐上的關鍵作用，因為我開始學會與杏仁核合作。隨著不斷練習，我們可以學會接納，讓杏仁核伴隨我們的旅程，並執行它試圖保護、照料身體求生機能的職責，但**不必讓它**替我們**做決定**。說得更具體點，我們不會讓它選擇該將注意力放在哪裡。稍後的章節也將提到，顯化的實踐是基於能否引導注意力去專注於符合自身意圖的對象（選擇性注意），並遠離會分散注意力的事物和體驗。有意識地將注意力指向我們選擇的方向，是發揮內在力量的關鍵。越能夠在避免激發情緒的狀態下單純觀察自身的體驗，就越能將注意力鎖定並維持在想要顯化的事物上。

對身體或情緒上的事件產生**抗拒**時，這股阻力會刺激杏仁核。杏仁核與警覺網路密切相關，這片網路集合了大腦中的數塊區域，並負責決定要讓哪些刺激引起注意。警覺網路不斷過濾從感官進入的資訊，並迅速判斷哪些是最重要的資訊，需要我們加以處理和回應。作為邊緣系統的一部分，杏仁核有能力立即重新分配認知資源，完全專注於身體的求生機能。當我們對某個事件抱持更大的恐懼感時，等於在告訴杏仁核這個事件具有高度顯著性，造成極大的威脅；而當恐懼感較低時，就不會激起對於威脅的警覺，從而能自由選擇該將注意力指向何處。

負面偏見對顯化能力的危害

簡單來說，若想成功顯化目標，必須減弱腦中不斷朝我們潑冷水的聲音。爲了擺脫這個內在批評者，首先必須了解它到底是什麼，以及在意識中究竟有什麼功能。

只要重新回想交感神經系統所扮演的角色，就能明白內在批評者的力量。它主要位於腦幹，這是人類大腦中最古老的一部分，已伴隨我們度過數百萬年。本質上，它的工作是讓人們在原有的生存環境中維生。因此，它與我們作爲一個物種的生存密切相關，這也是它在人體內扎根、與我們緊密相連的原因。作爲讓人類這種有機生命成功發展的古老關鍵，交感神經系統至今仍是潛意識中強大的力量，且會促使我們做出它認爲有利於生存的行爲。換句話說，演化通常不會**捨棄**機能，而是會盡可能**包山包海**。此外，雖然在人類作爲生活在非洲大草原上的物種時，交感神經系統的特性確實發揮了應有的作用，但對許多現代人來說，反而會在頭腦中引起**負面對話**。在某種程度上，負面情緒是人類這個物種的第一語言，而儘管費時費力，但我們勢必得學習說出另一種新的語言。

交感神經系統曾經保護人體免於即時的物理傷害，問題是它跟隨人類進入現代世界後，便試圖保護我們的自我認知，避免在緊密相連的現實中受到多不勝數的微小抨擊所傷。曾經幫助人類抵禦猛虎的戰鬥反應，如今卻讓我們開始對抗自認爲不夠完美的自己，激起過度強烈的羞愧感和自認爲不夠優秀的情緒。內在批評者的聲音及它對人際關係威脅的感知（「別人會怎麼想？你以爲你是誰？」），源自交感神經系統的古老力量，在長期適應不良的情況下持續發揮作用，且不幸地演變成爲我們今日再熟悉不過的內在批評者。對於想要顯化目標的我們來說，「負面偏見」尤其棘手，這種價值標籤系統會大幅強化危險警告在大腦中的顯著程度，使我們時時保持警惕。**從交感神經系統的角度來看，積極正面的情緒對於求生沒有幫助**，所以與威脅相反，並不值得引起注意。這也是爲什麼多數新聞都聚焦在負面消息，很少看到正面的新聞。

人類的演化過程產生了一個副作用：在作爲一個物種的發展過程中，大腦將**對自己的負面評價**歸類爲等同於**眞實的危險**。因此，在這種可說是大腦分類系統瑕疵的作用下，負面的自我評價會如影隨形地黏著我們，並在心中占據大到不成比例的版面。隨著人類物種的智慧不斷提升，負面偏見綁架了思維心智，使我們開始做出**不合理**的比較與連結。如果我們告訴自己，「這件事我做不到」、「我怕那個東西」，或是「天啊，要是我這麼做，會造成這樣那樣的後果」，這些念頭在某種程度上屬於自我保護的心態，但若進一步延伸，就成了「我什麼都辦不到，我根本不配身爲人」。

人類最初的**基本生存機制**，如今突變成了一種**個人身分認同**，彷彿我們自認爲的個人缺點都是與生俱來，而我們無能爲力。事實上，這只是因爲恐懼、焦慮與絕望等強烈的負面情緒，曾經與自我保護的機制緊密相連，造成身心對這些負面情緒產生了**依賴**。因此，我們對恐懼及對限制性自我認知的依賴，已經合而爲一，以致覺得兩者無法分割。到頭來，就像打造了一座監獄來束縛住我們的自主性。

每當我們相信內在批評者的負面言論，就會在自己打造的監獄再加上一塊磚。這些言論聽得越多，監獄的牆壁就越高，裡頭的光線也越來越黑暗。事實上，這些牆壁開始朝我們逼近，因爲我們對所有關於自己的負面評價照單全收，從而放棄創造改變的自主權。這個聲音原本一點意義也沒有，但我們卻一直以爲它就是眞理，最後把一切都交給了它。我們把力量交給了內在批評者。

舉個例子，我曾經爲一群醫界高層舉辦講座，主題是**冒牌者症候群**（Imposter Syndrome），過程中有位五十多歲的女性站了起來。她一邊哭，一邊用顫抖的聲音說：「我父親告訴我，我永遠不會有任何成就，而我不得不證明他錯了。」此時她已是擁有護理博士學位的註冊護理師，但父親的話卻一輩子都籠罩在她的心頭。童年時期的負面經歷確實能成爲前進的強大動力，但往往也是令人痛苦、不健康的動力。負面敘事就是有如此強大的力量，會深植於腦海之中。想想有多少人被這樣的言論摧毀，永遠無法發揮潛力。有些人終其一生都背負著這種負面故事，儘管在事業上獲得「成功」，卻仍舊感到空虛和不滿足，因爲無法擺脫內心深處的負面對話。

將這位女性的父親所說的話，和另一位父親告訴孩子的話比較一下：「聽著，我愛你。你是我認識最聰明的人，你可以憑藉毅力、堅持和智慧達成任何目標。我爲你感到驕傲，而且我毫不懷疑你一定辦得到。記住，無論發生什麼事，我永遠支持你。」當這個孩子在追求目標的過程中面臨困難時，將不會聽見腦海中響起負面話語，反而會在面對挑戰的同時這麼想：「我的父母相信我，我的朋友相信我，他們會支持我，我辦得到。」

心牆上的便利貼

一想到內在批評者，常會把重點放在它讓我們感到多麼難過、沮喪和氣餒，但事實上，**內在批評者眞正帶來的不良影響，在於它嚴重分散了注意力。**它會消耗精力，妨礙我們專注於意圖。我們之所以感到沮喪，是因爲內在批評者殘酷的言論竊占了內在資源，將這些珍貴資源從正面、健康的生活目標轉向他處。內在批評者汲取了「戰鬥、逃跑或僵住」系統的力量，緊緊掌控大腦的警覺網路，而這部分的大腦負責決定哪些事物值得關注。接著，當注意力被轉移而無法達成目標時，內在批評者又會跳出來折磨我們，形成惡性循環。

來到這個世界時，我們處於開放、靈活且「不受制約」的狀態，沒有任何習慣上的特徵。不久，我們開始與外在世界及其他人互動，並開始累積會緊緊巴著我們不放的事物。而最負面的想法和體驗往往會牢牢依附在我們身上。我們把這些事物像便利貼一樣貼在內心的牆上：一張便利貼上可能寫著「我不夠好」，另一張寫著「我不夠聰明」，還有一張寫著「我父親討厭我，所以我不配讓人愛」。儘管每張便利貼都來自某個偶然經歷，但我們在早期發展階段中相當容易受影響，常將這些情緒深深烙印在心，當作畢生的課題。這些便利貼上的黏膠源自「戰鬥、逃跑或僵住」系統對負面刺激的過度關注，因此在情緒層面上，會將這些我們以爲必要的訊息標記爲對身體的維生至關重要。事實上，這些大多源自偶然體驗的便利貼，會開始成爲根植於神經元中的習慣模式，進而構成我們的自我認知的架構。

我們開始把這些負面想法帶到每個地方、套用在越來越多的處境上，並繼續不斷累積，直到模糊了視野，讓我們相信世界上不存在其他眞理。當我們聆聽內心，唯一能聽見的就是負面的想法，看不見潛在的那個開放、好奇與反應敏捷的狀態。這套可悲的謊言開始定義我們看待自己和世界的觀點，最終影響了我們是否認爲自己值得擁有想要和需要的事物。**負面想法成了我們內心那座監牢的高牆。**

由於我們內化了負面想法所傳達與吶喊的信念，並且付諸實行了無數次，因此植入了我們的潛意識中，從而無意識地使它們得以支配我們的行爲。也由於我們與環境互動時受到負面想法的影響，其他人再也無法觸及眞實的我們：他們也被負面想法給愚弄了。

可悲的是，被負面想法掩蓋的正是每個人內在深處閃耀、光輝的眞我，是充滿愛心、關懷，並已然完美無瑕的自己。而當我們無法看見眞正的自己並建立連結時，便失去了內在羅盤的指引，無法走向眞正需要前往的方向，也不知道該如何邁出腳步。當你受到負面想法的糾纏，不僅無法看見自己原本閃耀無比的狀態，負面思維還會遮蔽你的光芒，使你無法在現實中顯化出想要的事物。

當我們開始邁出腳步要顯化最深層的願望時，那些便利貼幾乎會無可避免地冒出來，並喚起陳年往事來對付我們，帶來自我懷疑、不配感，以及冒牌者的感覺。在我們的內在體驗中，負面想法會以臭名昭著的「內在批評者」形象現身，扮演殘酷、輕蔑又令人恐懼的折磨者，發出宏亮的聲音來削減我們追求夢想的能力和意願。對許多人而言，負面的內在聲音及其所激發的恐懼，會對顯化渴望的內在力量帶來最大的阻礙。

內在批評者就是那個聲音的主人，不斷洗腦自己不夠優秀，無法跳下承載長期壓力的列車，進入那個正面、療癒、解放，且最終能帶領我們達成目標的未知與陌生之中。

身體裡的顯化盟友

假如無法自主超越童年時期發展的負面信念，這些信念往往會在潛意識中延續到成年以後。這是我們演化而來的自然機能，但不需要讓它來主導人生。人類生活的挑戰在於，能徹底塑造往後人生的習性，絕大多數都是在有意識察覺之前就已經形成。意識到這個事實時，通常是因為人生並未如預想中發展，此時我們會發現自己無意識地重演以往受到制約的模式，這才是驅動行為的眞正因素。

如果無法辨識、理解我們原始的負面感受來自何處，就很容易不斷掉回陷阱裡，因爲無論童年的經歷是好是壞，**大腦和身體都會自然回歸當時的體驗**。來自童年時期、使我們感到具有——或欠缺——安全與舒適感的體驗，爲我們打造出成年後該如何與世界互動的舞臺，無論是否察覺，都會對意識施加強大的引力。只要關係到以往的創傷經歷，即使是最單純的「喚醒線索」或感官訊號，都可能將我們拉回早期懸而未決的情緒漩渦中。研究顯示，大腦只有上層區域能夠感知時間，而負責控制體溫、心率等機能的腦幹，並不具備處理時間流逝的網路。這實際上意味著，當創傷在體內被激發，且意識縮減至最基本的**生存模式**時，我們無法理解這些感覺不會永遠持續下去，**會如同嬰兒般將其視爲恆久不滅的體驗**。由於它們與生存本能密切相關，因此可能促使我們依循原始的天性行事，有時甚至會以暴力和不理性的形式來表現。

因此，爲了讓大腦把精神集中在想要顯化的意圖上，必須安撫原始的神經系統，爲其帶來充分的安全感，才能讓我們接受能夠幫助自己成長的**良性風險**。

由於負面信念通常是在早期發展的關鍵年齡被烙印下來，我們必須在同樣深入的生物學層面和它們合作。幸好，透過一項較近期的演化創新，我們找到了擺脫習慣性負面情緒的出路：哺乳動物的**照護系統**。正如先前探討顯化生理學時的發現，從爬蟲類到哺乳類的進化過程中，必須經過極大的生物學轉變。其中一項主要適應手段就是**背外側迷走神經**的演化，這是迷走神經的一個重要部分，將內臟與大腦中央控制系統相互連接，也是**「休息與消化」**反應的基礎。這項適應手段讓哺乳動物能提供出生後的必要照護與投入，藉此保護與撫養溫血動物的幼崽，並在成長過程中爲幼崽提供安全的避風港。迷走神經能向身體其他部位發出訊號，表示現在安全無虞，因此也成爲顯化過程中最強大的生理盟友。

一旦習慣當下安全無虞的感覺，便能培養自我憐憫的心態，這正是內在批評者的剋星。由於神經可塑性（或所謂大腦能夠自我改變）的奇蹟，我們可藉由自我憐憫的練習，有意識地啓動照護系統的通道，刻意給予自己在過去最脆弱那段歲月中所缺乏的愛、關懷及情感連結。然後，我們可以直接處理那些負面的便利貼，溫柔地將它們帶入意識中，並爲自己打造安全的避風港，以感受到無條件的重視、愛與關懷。爾後，這些便利貼或負面評論就會開始褪色、消散。

如同父母能敏銳察覺嬰兒感受到的痛苦，我們也能以同樣的敏銳度來察覺痛苦，並利用生理學上相同的維繫生命力的通道，將關愛導向自己。自我憐憫擁有療癒的力量，能療癒內在長期缺乏安全感、欠缺疼愛的自我，並將其轉化爲智慧與憐憫心的重要源頭，進而推己及人。學會與他人建立連結並共同面對他們的困境，也能對顯化過程有所助益，使我們認知到自己也需要他人的支持，才能帶著韌性追求並實現目標。

信念的力量

慣性的負面思維時常透過限制性信念的力量，使我們的生活變得狹隘、受限。這些信念大多來自年幼時對於世界的認知。或許這些信念曾經幫助我們度過艱難又痛苦的環境，但其中往往夾雜著認知上的扭曲，而這些扭曲源自兒時容易自責的傾向，以及對現實的深刻誤解。負面信念可能是關於周遭的世界，例如「這個世界是殘酷又沒有愛的地方」、「人生本來就不公平，何必努力？」，但最痛苦莫過於指向自身的信念。要揭開長期以來根深柢固的錯誤信念，需要付出極大的努力與關懷，但我們必須擺脫扭曲的世界觀，才能騰出內心的空間並嵌入正面信念，進而爲顯化注入能量。

我是在史丹佛大學開設慈悲培訓課程時，認識了尚卡爾・赫馬迪（Shankar Hemmady），他和我分享了自己的故事。他在孟買的郊區長大，父親是郵差，母親則是家管。母親童年時曾受到家人虐待，患有創傷後壓力症候群與慢性憂鬱症。尚卡爾形容他小時候不僅經濟匱乏，也缺乏良好的社交互動，而親戚時常告訴他，要是他能就讀合適的學校，或是在左鄰右舍中找到合適的導師，就能過得很好，但要獲得這類資源並不容易。他從小就逐漸形成這樣的核心信念：「這樣還不夠。」而這種想法也不幸地演變成：「你永遠不夠好。」

「想像光明或正面的未來，對我來說非常困難。」尚卡爾這麼說。

儘管如此，他生活的社區仍然存在善良與慷慨的舉動。在尚卡爾一年級時，母親因爲身體虛弱無法爲他準備早餐，所以會給他一點零錢到學校買點心，大概十派士（paise）左右，約合美元一分錢。到了點心時間，他會把錢交給學校的一位保全，請對方幫他到市場買點吃的。出於某種原因，保全把這件事告訴尚卡爾的老師，並提到他的錢只夠買點糖果或餅乾，買不起眞正有營養的食物。於是老師自掏腰包替他添補點心費，好讓他在點心時間也能吃上葡萄乾、堅果或一塊水果。有次尙卡爾的母親造訪學校，發現兒子正吃著健康的點心，這才得知老師一直自掏腰包替他補充營養。這是尙卡爾第一次感受到他人的善意與關懷，但直到成年後，他才眞正了解這整件事背後的深意。

尙卡爾生活的社區中有幾個人發現了他的潛力，介紹他進行專注呼吸這類專注力訓練，並鼓勵他追求成功，因爲他擁有値得與衆人分享的天賦。他不再專注於內心的負面對話，而是轉向自己的目標，不但效果奇佳，成功進入印度理工學院就讀，也開啓了在工程領域大放異采的生涯，從此衣食無缺。這也讓他後來搬到美國灣區成爲企業家，起初涉足的是電子領域，後來更轉向生物製藥領域，致力於爲癌症患者提高用藥的安全性。

即使財務狀況逐漸穩定，尙卡爾還是會聽見內在的聲音，批判他永遠無法獲得足夠的資源來照顧自己和家人，更遑論幫助別人。「這樣還不夠」的陳年往事依然縈繞在他心頭。於是他開始參加冥想閉關。某次靜修時，他回想起學校老師的善舉，並用成年人的眼光重新省思這段回憶。尙卡爾感到痛心，因爲他意識到老師當時的月薪大約只有十美元，而爲了替他買頓堪稱健康的早餐，她默默付出的金錢對她的月收入而言是筆不小的開銷。

當尚卡爾意識到老師即使能力有限，仍然表現出無私的精神時，不禁為她的慷慨善舉流下感激的淚水。這為他帶來深刻的教誨，使他得以擺脫匱乏與不足的核心信念，開始投入現在的工作，致力於開設科技與情緒學習的工作坊，為全球偏遠村落中資源匱乏、鮮為人知的族群提供學習管道。擺脫了童年環境所塑造的限制性信念後，尚卡爾得以完全專注於最初的目標，將才能奉獻給覺得被忽視和遺忘的年輕人，幫助他們發掘潛能。

練習：信念及其相反面

對自己的負面信念就像蘑菇，都是在黑暗中成長茁壯。因此，把它們拉出腦袋的黑暗角落，暴露在能看清其真實面貌的陽光底下，往往效果奇佳。以下練習能讓你找出不斷扯你後腿的信念與往事，並有意識地將之化為助力。

1. 做好準備

①騰出一段獨處時間。
②手邊準備好紙筆。
③把紙分為兩欄：「信念」和「相反面」。

2.開始放鬆

①擺出舒適的姿勢，坐直或躺下皆可。
②閉上雙眼，用鼻孔緩慢吸氣，再用嘴緩慢吐氣，以這種方式呼吸三次。重複相同呼吸方式直到覺得舒適且自然。
③現在從腳趾開始放鬆全身肌肉，由下一路往上放鬆到頭頂，並在專注放鬆緊繃感的同時感覺越來越輕鬆、越來越平靜。在此過程中，你會發現有股平靜感包覆著你，讓你感到安穩無比。

3.回想美好感受

①開始喚起一段讓你感受到無條件的關愛與重視的回憶或畫面。讓這股正面感受盈滿你的體驗，從心中流淌至你的內臟與四肢。

4.回想負面信念

①在心中溫柔地回想，有哪些對自己和人生的信念曾經讓你感到困擾。
②可以想像自己安穩地佇立在樹梢、懸崖或陽臺上，而這些信念都在下方聚

集。

③看看你能否辨識出一些常見的「嫌疑犯」，例如「我不夠好」、「我受到不公平的待遇」、「我傷得太重了」。

④試著不帶評判的眼光，單純且清晰地看著這些信念，在內心中見證它們。你可能會感覺到它們曾經對你造成的痛苦，此時順其自然就好。

5.將你的觀察記錄下來

①當你準備好時，輕輕睜開眼睛，把這些信念寫進「信念」那一欄。想怎麼寫都可以，不需要過濾內容。別擔心錯別字、標點符號或你到底有沒有「找對信念」。

6.回顧你寫下的內容

①現在大聲讀出你的信念清單。在朗讀時，留意你的情緒和身體上的感覺。

②你是否覺得心頭一緊、喉頭哽咽、感到失望或怒氣翻騰？

7.重溫美好的感受

①如果你需要重溫正面感受的意象來尋求支持，隨時都可以這麼做。

8.將相反面記錄下來

①當你準備好時，換到「相反面」那一欄。針對你列出的每一個信念，寫下

其相反描述：「我夠好」、「我擁有改變處境的內在力量」、「我擁有充分的時間、愛與支持，能讓我追求自己的目標」。

②探索哪些話聽起來既準確又有生命力，而且記得，你不需要立刻完美地做到。

9.回想你的練習

①花點時間思考紙上寫的字，留意兩欄內容如何彼此呼應。

②認知到透過單純覺察負面信念的存在，你已經開始將它們轉化爲其相反面了。

通往自由之路：自我憐憫

遇見內心平和的人，而且對方以不帶評判且慈悲的方式與我們相處時，我們便能獲得以相同方式對待自己的力量。當我遇見露絲，內心便浮現一種現在叫作「心理安全感」的感覺：「哇，我走進來，這位女士抬頭看我並露出燦爛的微笑，我彷彿被那抹微笑擁抱，瞬間感到平靜。我感覺自己沒有受到評判，而是在與她的互動中感受到無條件的愛，一切就此改變。」

這些正面感受展現了一條擺脫習慣性負面思維的路，而這條路源自一項更爲近期的演化創新：副交感神經系統。

許多潛藏在內心最深處的創傷，都會喚起腦海中最響亮的負面聲音，這些創傷的根源，往往是我們在最初與照護者建立羈絆的階段中經歷的痛苦。我們過去無法在他們的愛、關注與照顧中獲得安全感，他們也未能提供讓我們安心探索世界的安全堡壘或避風港。這些幼年的失望與創傷所形成的信念，變成了在顯化目標時遭遇的阻礙，若想從根本上消除，就必須了解我們的責任是**爲自己**提供安全的避風港，讓自己能感受到無條件的重視、愛與關懷。如同父母能敏銳察覺嬰兒感受到的痛苦，我們也必須以同樣的敏銳度來察覺痛苦，並利用生理學上相同的維繫生命力的通道，透過自我憐憫，將關愛導向自己。

有時無法靠自己清除內心的阻礙，需要他人的慈悲、憐憫讓我們得以親身體驗這份感受，接著才能自我憐憫。

半路上的援手：無條件的愛

席維亞．瓦斯克茲．拉瓦多（Silvia Vasquez-Lavado）從來沒想過，自己會因爲看到一根菸蒂而如此歡喜。

當時正值一片漆黑的深夜時分，席維亞身在新幾內亞島西半部的巴布亞偏遠叢林中，而且迷路了。她和一位當地嚮導跟探險隊的其他人走散了，已經花了幾小時在陌生地域中摸索，試圖與眾人會合。這片叢林彷彿在戲弄他們，不時帶來希望，隨後又讓他們陷入絕望。隨著太陽下山，他們越來越焦躁不安。

席維亞說：「在叢林裡迷路可能就意味著死亡。你知道吸血鬼都在午夜現身吧？各種有趣的動物總是會挑這個時候出沒，存活下來幾乎是不可能的挑戰。」

諷刺的是，席維亞其實已經完成了這趟旅程的主要目標：登上查亞峰，也就是地球所有島嶼上最高的山峰。這座山的海拔超過一萬六千呎，名列「七大頂峰」，也就是七大洲最高山峰的一員。當時是二〇一五年，查亞峰是席維亞登完的第五座「七大頂峰」，在此之前她已成功攻頂坦尚尼亞的吉力馬札羅山、俄羅斯的厄爾布魯士山、阿根廷的阿空加瓜山，以及澳洲的科修斯科山。

登山對席維亞而言不僅是休閒活動，更具有深遠的象徵性意義。席維亞在秘魯首都利馬長大，幼時曾遭受性侵。受到侵害的創傷，加上家人的緘默，在她的情緒與精神層面劃下深深的傷痕。二十多歲時，她因痛苦而陷入重鬱並染上酒癮，在與女性的感情中反覆失利，生活因此被禁錮在陰影之中；她也向家人隱瞞了自己的性向。儘管她在大多以男性爲主的矽谷高科技產業中獲得成就，但她心知肚明，過去未能療癒的傷口仍然隨時會將她吞噬。

最後出於絕望，她在二〇〇五年接受母親的邀請，返回秘魯參加了死藤水儀式，見證了一幅轉化性的異象：年幼的自己出現在她面前，呼喚她一起走在群山環繞的山谷中。這場充滿啓發與重新連結的體驗，便是帶來嶄新人生目標的開端。席維亞決定透過攀登地球上的雄偉山峰來自我療癒。二〇一四年，她甚至創辦了非營利組織「勇敢女孩」，旨在透過登山運動幫助其他受到性侵害的年輕人重拾自我的力量。

席維亞的使命感帶她來到新幾內亞島，與一群大膽的登山者組成探險隊，挑戰查亞峰陡峭的石灰岩山壁。原先的計畫是搭乘直升機來到山腳下、登上山頂，接著在當地部落的原住民陪伴下，花七到八天徒步穿越叢林下山。部落中的男性擔任腳夫，負責運送個人物品與炊具帳篷，女性則負責紮營和準備食物。以這種方式生活在這片偏遠之地的原住民，仍然透過千年以來的傳統與先祖保持連結，並依舊以養豬與種植番薯爲生。這裡的男性平時依然近乎全裸，而有許多女性都是全程赤腳行走。

登頂後的隔天早晨，當地居民先行離開，前往下個目的地，準備提前布置好當晚的紮營地。接著，席維亞的其他隊員也和其他抱著雄心壯志的登山者一樣，精神抖擻地出發了，滿腦子只想朝下一個目標前進，準備迎接下一次難忘的體驗，卻忘了顧及人與人之間的聯繫。在身體因爲攻頂而疲憊，加上所穿的泥濘登山靴不適合這片地形，雙腳感到疼痛的狀態下，席維亞較慢出發，其他隊員早已將她拋下，只留了一名助手嚮導陪她。席維亞本該跟在隊伍後頭，但當她和嚮導出發時卻找不到隊伍的蹤跡。他們走了一段，又原路返回，在幾乎無跡可尋的山路上四處搜尋，但什麼線索也沒找著，彷彿其他人突然人間蒸發一樣。他們開始意識到自己迷路了，試著將一棵較爲顯眼的樹作爲地標，結果最後卻繞回原路，發現了五棵幾乎一模一樣的樹。

太陽即將下山，席維亞知道他們就要犯下登山菜鳥的致命錯誤：晚上在叢林之中迷路。她腦海中那個質疑她永遠無法實現夢想的聲音是不是說對了？她一路走來，爬過這麼多高山，就只是爲了被某種可怕的夜間生物吞噬，從此無聲無息地消失？

夜幕降臨，席維亞和嚮導只能利用頭戴燈的光線繼續尋找。他們試圖透過聲音來找路：有流水聲？附近肯定有條河。但當他們朝著水流聲的方向走去，卻發現聲音越來越遠。席維亞壓抑住內心湧上來的恐懼與絕望。她從未感受過如此濃重的黑暗，彷彿身陷黑洞之中。那些還沒征服的高峰怎麼辦？那些她曾經發誓要幫助的年輕女性怎麼辦？

席維亞和嚮導跌跌撞撞，來到看似曾經有條小徑的地方。但這真的是小徑嗎？經歷過這麼多的徒勞和短暫的希望後，實在很難再次相信自己的直覺。此時她看見眼前閃過一個白色物體，於是走上前，將頭戴燈的光線照了上去——是一根菸蒂！這個在日常生活中幾乎無足輕重、在這片奇樹異草之間卻顯得格格不入的小垃圾，顯示他們終於走對路了——可以期望再走五公尺就會發現另一根菸蒂，並且像找到麵包屑一樣跟上去。這正是他們一直缺少的中心指標。席維亞和嚮導重新點燃希望之火，再次踏上小徑。與此同時，隊伍已經發現席維亞走散了，並組成搜索隊往回搜尋。最後，席維亞看見了他們手電筒的光線，得以安全返回營地。

隔天早晨，由於長時間盲目徘徊，加上覺得自己可能會死在叢林中而腎上腺素暴衝後，席維亞疲憊不堪。但其他登山者都已經收拾好行囊準備出發，並沒有多花心思確認她是否安好，而是再次展開行程，又把她給留下。席維亞滿心沮喪地看著夥伴離開。就在此時，出乎她意料之外，當地女性紛紛圍繞在她身邊，有些站在她前面，有的站在她身後，身上還穿著五顏六色的刺繡衣物。大家臉上都帶著微笑，並且表明會護送她到下一個營地，確保她不會再次迷路。

席維亞首次以患者的身分找我時，正處於從創傷性腦損傷中恢復的階段，希望能獲得康復建議。我們從那時起就成了好朋友，她跟我說起這個故事。她還記得，當時從部落婦女明亮的雙眼和明朗的表情中，可以感受到她們都很明白她需要幫助，並以憐憫的心回應了她。

她說：「我從這些陌生人身上感受到了眞正無條件的關愛與憐憫。她們教我認識了愛。你不需要用語言來表達。」

她們幾乎全程都默默陪伴，就這麼和席維亞一起走出叢林，確保她順利抵達目的地。席維亞懷抱著被這些原住民婦女帶領與呵護的感覺，成爲第一位以女同志身分成功登頂「七大頂峰」的人。她們無條件的愛教會了她，在面對逆境時要憐憫自己。

練習：自我憐憫

很多人都是自己最苛刻的批評者。雖然這樣能激勵自我表現與成就，卻會讓自尊付出極高的代價。負面的自我價值感將會一直伴隨，並嚴重影響我們的身心福祉。負面對話往往會導致進一步的傷害，因爲當我們告訴自己，我們無能、不配、沒人愛，而且永遠不會有人愛，甚至認爲自己是冒牌者時，就是在限制自己的可能性。事實上，每個人的內心深處都蘊藏著卓越的力量，但我們卻透過負面的自我對話捨棄了這股力量。

自我憐憫具有療癒的力量，能夠療癒長期感到缺乏安全感、缺乏愛的那部分自我——也就是內心陰影的根源、我們抗拒成長茁壯的原因——並將其轉化爲智慧與憐憫的重要源頭，進而推己及人。

這項練習的目的，在於從根本上消除自認爲「不配」的感受。

1. 做好準備

①找個適合練習的時間和場所，確保不會受到打擾。

②別在壓力大、有其他事情分心、二十四小時內曾經飲酒或使用娛樂性藥物，或是疲累的時候進行練習。

③手邊準備一疊紙張和一枝筆。

2. 開始靜下心來

①在開始之前，以輕鬆的姿勢坐著，閉上雙眼。讓心思自由飛翔，並聆聽腦海中掠過的所有負面念頭，持續一會兒。不要刻意停留在某一幅景象或某個念頭上，單純放鬆心思，感覺負面的自我對話如何存在你的身體裡。

②你的體內在當下有任何部位產生感覺嗎？是什麼樣的感覺？

3.回想你的體驗

①感覺這些負面的自我對話如何讓你變得渺小、如何限制你。想想你是如何把負面的自我對話和現實相互混淆。

②靜靜坐著幾分鐘，回想這些感受。這些念頭帶給你什麼感覺？你有感到悲傷、憤怒、麻木或焦躁不安嗎？

4.掃描身體

①坐直並持續閉上雙眼，用鼻孔緩慢吸氣，再用嘴緩慢吐氣，以這種方式呼吸三次。重複相同呼吸方式直到覺得舒適且自然。

②現在從腳趾開始放鬆全身肌肉，由下一路往上放鬆到頭頂，並在專注放鬆身體的同時感覺越來越輕鬆、越來越平靜。在此過程中，你會發現有股平靜感包覆著你，讓你感到安穩無比。隨著持續緩慢地吸氣和吐氣，你感覺到一股溫暖和接納感，不再擔心別人會評判你、批評你的夢想和志向。

③持續緩慢吸氣、吐氣，感覺全身舒適，徹底放鬆。內心也許會升起負面的自我對話，讓它們輕輕掠過，不要執著，並重新專注在呼吸上。

5.回想安全的感受

①想起安全是什麼樣的感受。許多人此時會想到和母親或心愛之人牽手、擁

抱的感覺。也可以想像身在特別安全的場所，例如以往愛去的那條僻靜小溪，或是坐在家裡的餐桌旁享受溫暖的晚餐，只要能讓你覺得受到保護的情境都行。

②無論你的安全感是來自與別人的情感互動，或是發生在獨處的情境中，都有相同的效果。不過請記住，獨處和孤獨並不一樣。單純沉浸在這股安全感中，不須擔心這些感受以外的任何事。

6. 加深美好感受

①在這種狀態下，更加專注於對自己的正面想法、你欣賞的自身特質、你曾經給予他人愛、關懷與呵護的時刻。隨著緩慢地吸氣、吐氣，你感受到深層的滿足與正面情緒。

②你被這些感受包覆著，明白自己的滿足與充實感不僅來自他人的支持與呵護，也來自你對他人相同的鼓勵與愛護。將這份感受和你與生俱來的美好本質連結。

7. 沉浸在美好感受中

①在心中觀察自己如何體驗開心、充實、溫暖與愛的感受，那是給自己的愛，也是無條件給予他人的愛。隨著緩慢地吸氣、吐氣，試著盡可能想像

每一個細節。

②緩慢地吸氣、吐氣。看著自己被愛與愛人的模樣。感受開心、滿足和充實感是如何影響你的身體。感受你的心跳如何放慢、呼吸如何變得自然。感受負面情緒如何離開你，並被你對自己的正面念頭和情感、你在世界上扮演的角色，以及你對他人付出的關愛所取代。

③靜靜坐著，回想這些細節。沐浴在這些感受中，持續緩慢地吸氣、吐氣。

④明白那些負面自我對話不是你。了解在人類數千年的演化過程中，負面念頭與事件會深植於內心，是爲了要保護我們；但在現代世界中，只會限制我們、令我們感到痛苦。

8.領會你的人性

①現在專注於對自己的正面念頭。回想克服過的一切困難、達成的一切成就，並理解人生中總有潮起潮落，但這些都無法定義我們。了解這正是身爲人類的本質。反覆告訴自己，你值得被愛、你能夠完成任何事、你值得成功、你不是冒牌貨。

②你也許會聽不進去你告訴自己的話，這很正常。在這個階段，只要「假裝」聽得進去就夠了。只要你有耐心，隨著時間經過，你會更深刻地相信

這些話。靜靜坐著感受這份現實，隨著繼續緩慢地吸氣、吐氣，感受自己有多麼平靜又滿足。

③在感到平靜又滿足的同時，被愛包圍的感覺油然而生。你明白愛具有滋養的效果，可以讓你看見自己的力量與潛能。靜靜坐著，沉浸在這些感覺中，並持續緩慢地吸氣、吐氣、吸氣、吐氣。

④你覺得放鬆又平靜。

9.將你的體驗記錄下來

①拿起紙筆，用至少五分鐘的時間，寫下你回想對自己的正面感受時所看見的畫面，包括你是誰、你的能力，以及這些能力如何對他人帶來正面的影響。思考一下，在你回想這些感受時，你如何感覺到安全、溫暖，同時也深刻地感覺自己無所不能。

②寫得越鉅細靡遺越好。要寫成幾個句子或一整段話都可以，重要的是你正在爲自己定義關愛、滋養與內在的力量，以及你在這麼做時會如何影響你的身體。透過重塑與改變心態，你如何從你加諸在自己身上的限制中解脫。

③現在閉上雙眼單純地坐著，用鼻孔吸氣、用嘴吐氣，緩慢呼吸三到五次，

接著睜開眼睛。

10. 回顧你的體驗

①首先，在心中默唸自己寫下的字。接著大聲讀出所寫的內容。

②靜靜坐著，回想那些關於你內在力量的念頭，以及關愛與滋養自己會如何影響你的心智與生理。閉上眼睛沉浸在這些感受中，持續一會兒。

③現在思考關愛與滋養如何帶給你安全感、這股安全感如何允許你擁有自己的力量，以及這股力量如何讓你顯化目標。

11. 領會你的體驗

①你很滿足，因爲你被愛著，而且有能力把這份愛不僅給自己，也給別人，並藉此創造對自己的深刻正面感受。感覺一下這份滿足讓你多麼放鬆、平靜。

②處於這種狀態與心境時，你便爲自己創造了合適的環境，使你得以顯化最大的渴望與心願。

一旦開始放鬆內在批判者的束縛，並有意識地呵護內心的傷痛，便能獲得力量去教導大腦的警覺網路關注真正對我們重要的事，學會在心中清晰且持續地掌握內在羅盤。當我們能夠無拘無束地想像和預演夢想時，想像的力量能讓我們在當下體驗這些夢想，藉此頻繁接觸高漲的正面情緒，從而讓潛意識學會主動追尋我們所想像的人生目標與夢想。

下一章將會探討第四步：將意圖嵌入潛意識。我們將學習如何觸及潛意識心智中的「檔案管理員與獵犬」，並提供必要的線索，讓它們心無旁騖、持續不懈地追尋我們的意圖。

第六章

第四步

將意圖嵌入潛意識

全神貫注在你當下所做的事。太陽光只有聚焦時才會燃燒。

——亞歷山大・格拉罕・貝爾（Alexander Graham Bell）

金凱瑞是當代最好的顯化實例

影星金凱瑞的一千萬美元支票，是流行文化**最著名的顯化例子之一**，但顯少有人知道其中的來龍去脈。

金凱瑞在《馬克．馬龍搞什麼》這檔播客節目中說，他在多倫多郊外長大，童年過得並不容易。他的母親凱瑟琳深受重度憂鬱症所苦，還有類風濕性關節炎與結腸炎等疾病。母親的父母都酗酒，她對止痛藥上癮，而且在金凱瑞眼中是個棄孩子於不顧的母親。金凱瑞的父親珀西是才華洋溢的爵士樂手，後來不得不變賣薩克斯風支付妻子的醫療費用。金凱瑞這麼形容父親：「活像個樂天無比、極具幽默感的動畫人物，他不只是講故事，而是化身爲那些角色。我在喜劇生涯中所做的一切都因他而起，我超愛那傢伙。」

金凱瑞二〇一四年在瑪赫西大學的畢業典禮演講上，回想起父親有成爲出色喜劇演員的潛力，卻因缺乏自信而無法成眞，後來選擇了穩定的工作，成爲會計師。然而在金凱瑞十二歲時，珀西被解僱，全家生計陷入困境。金凱瑞說：「我從父親身上學到很多寶貴的教訓，其中最重要的一點是：做不喜歡的事都可能失敗了，那還不如冒險嘗試自己熱愛的事。」

珀西在五十一歲失去工作後，一家人就住在福斯露營車上，有時也會到他姊姊在鄉下的院子裡搭帳篷。後來，他們全家一起在一間輪胎工廠當工友，由於和其他家庭起了爭執，有的同事會故意在水槽裡大便來惡搞他們。金凱瑞原本優異的學業成績開始下滑，最後在十六歲時輟學，開始全職工作。這些童年逆境讓他一度心懷怨恨，總覺得這是個不公平又殘酷的世界。

小學三年級開始，金凱瑞就喜歡在鏡子前做鬼臉，用搞笑的聲音跟自己對話，一玩就是幾個小時，還會模仿鄰居與電視明星來逗樂家人。當母親痛苦不堪時，他會只穿內褲跳到她床上，模仿起螳螂的動作，逗她笑到肚子痛。他也會在宴客時帶來各種誇張的表演。十五歲時，父親帶他到多倫多著名的「笑笑」地下喜劇俱樂部登臺亮相。他表演得很糟，卻也因為這次經驗下定決心踏上喜劇明星之路，最後前往洛杉磯潛心磨練。

金凱瑞一直懷抱宏大的願景。他在一九九四年接受《電影線》雜誌專訪時曾說：「我一直都相信魔法的存在。」他接著說自己在成名之前有個習慣，就是每天晚上都會開車到穆赫蘭大道，把車停在能俯瞰整座城市的地方，然後張開雙臂大聲說：「每個人都想跟我合作，我是很棒的演員，每位導演都想跟我合作，我尊敬的人都對我說：『我喜歡你的表演。』我的電影合約接到手軟。」在他不斷重複說著這些句子，並在內心想像這些話成真的景象時，他開始讓自己相信，真的有一大堆電影排隊找上他。接著在開車下山時，他都會對自己說：「到處都有電影等著我去拍，只是邀約還沒上門而已。」等他開車下山後，心中都會充滿幸福、希望，甚至是開心的感受，彷彿已親身經歷過無數次想像中的歡慶與成功。金凱瑞體悟到，這些肯定的話語成了他的解藥，替他化解了童年家庭背景所造成的負面信念。

大約是一九九二年時，他寫了一張一千萬美元的支票給自己，備註為「演藝服務薪資」，兌現日期則寫著「一九九五年感恩節」，接著放進錢包。隨著時間過去，支票變得又皺又破。然而當他每次打開錢包，這張支票都會提醒他想起自己的抱負，並喚起已經實現目標的心理狀態，就像安努拉寫給自己並放進錢包裡的信一樣。接下來三年間，金凱瑞主演了《王牌威龍》（*Ace Ventura: Pet Detective*）、《摩登大聖》（*The Mask*）和《阿呆與阿瓜》（*Dumb and Dumber*），這三部電影在全球打破票房紀錄，讓他一躍成為全世界最紅的電影明星。就在一九九五年感恩節前夕，他查詢了銀行帳戶餘額，真的有一千萬美元。這張支票象徵的夢想終於成真了！

就在《摩登大聖》上映三週後，金凱瑞的父親過世了。他把當年寫下的一千萬美元支票放進父親的夾克口袋裡一起下葬。

要了解金凱瑞如何顯化目標，我們需要更仔細探討把意圖「植入」潛意識的方法，包括利用「心流」狀態下的集中力、催眠及安慰劑效應等。這一切從表面看來似乎很不可思議，但是從先前談過的大腦網路的角度來看，金凱瑞的經歷其實再合理不過。

吝嗇的大腦：太陌生的渴望將預設為拒絕

企業家間時常流傳一句格言：「人會跟自己認識、喜歡和信任的人做生意。」這點對小型企業主、充滿抱負的企業家與大型企業的執行長而言都沒錯；除此之外，對於大腦也同樣適用。

大腦總是不斷屏蔽刺激，並且刻意過濾掉大部分的體驗。它就像個老是喜歡待在家裡的人，就愛整天窩在沙發上無病呻吟，對參加派對一點興趣也沒有。大腦會抗拒新奇的體驗，讓它們沒機會迫使大腦改變原本為了某個目的而存在的複雜迴路，無論這些迴路長期以來到底有沒有益處都一樣。這是因為人類大腦與生俱來的構造，對於自身的能量使用會極度謹慎。

大腦賦予我們強大的思考力、預期能力和抽象推理能力，因此它是個能量大胃王。成年人的大腦僅僅占體重的二％左右，卻需要消耗約二〇％的氧氣與熱量，遠超過其他器官。在這塊海綿狀線圈交纏的灰質組織中，存在著超過一千億個細胞，而在腦細胞錯綜複雜的網路中，每個細胞都建立了超過一萬條連結通道。這片細胞網形成一千兆個突觸連接，數量甚至比宇宙中的星星還要多。大腦約三分之二的能量是用來幫助神經元彼此之間的訊號傳遞，剩下的三分之一則用於「管理內務」，亦即維持細胞的健康。

大腦的節能機制源自人類物種的演化。大腦形成細胞連結來進行高階的認知作業，需要消耗大量能量，這對我們的祖先而言是個重大挑戰。爲了讓大腦持續「支付」如此大量的能量消耗，生活在非洲大草原上的祖先必須攝取大量燃料。甚至有研究推論，之所以會發明熟食的進食方式，尤其是攝取熟肉的行爲，正是爲了滿足祖先在發展複雜大腦時所需要的龐大熱量，從而使人腦比其他靈長類更具有競爭優勢。

然而捕捉與獵殺動物需要付出大量勞力，因此大腦必須大幅提升運作效率。大腦無法像肌肉儲存脂肪那樣，把多餘的能量儲存起來，因此當大腦需要能量時，必須從能夠快速釋放的燃料來源汲取，也就是血糖。大腦進行額外的運作時會消耗血糖，而血糖就像身體的高級版無鉛汽油，如此珍貴的燃料存量有限，身體在釋放時會精打細算。

承襲這種演化而來的大腦，會試圖透過各種方式盡可能節省能量。你有沒有發現，自己已經想不起來小時候最喜歡的兒童節目主角叫什麼名字？這是因爲大腦不僅發展出學習機制，也發展出了遺忘機制。長時間不曾回想某些資訊，大腦會將之視爲無用資訊並刪除。大腦還有許多速記技巧，可用來編碼和處理資訊，其中之一名爲「冰山現象」，亦即大腦只會找出必要資訊——「冰山一角」——同時把其他部分藏在海平面下。這也是各種偏誤的來源，包括傾向於尋找能證實自身既有觀點的資訊，或是因社會化的制約，下意識地偏好特定類型的人。某種角度來說，與其說大腦是資訊處理器，倒不如說是**預測機器**，透過這些捷徑來提高效率，並減少能量消耗。

對顯化而言，這意味著如果大腦對我們的目標不夠熟悉，便會預設爲拒絕，因爲新資訊對能量的消耗會造成太沉重的負擔。假如你的渴望對大腦來說過於**陌生**，那實現你的渴望就需要**大量的能量**，所以大腦會**寧可選擇忽略**。這種拒絕手段時常以**錯失機會**的形式表現。對於某件事物的熟悉與否，將會左右大腦對於發現它的期望。如果你正在尋找理想伴侶、更好的工作或新的住所，卻老是陷入失敗和挫折的迴圈，可能是因爲你的大腦並未意識到你很重視這件事，因此沒有讓這些機會出現在你眼前。大腦只是克盡職責地維持身體順暢運作，並將沒有被歸類爲重要的資訊給屏蔽。有時，你也許終於遇上自認爲渴望已久的機會，卻訝異地發現自己產生了強烈的恐懼感，促使你推掉這個機會。這種情況同樣並不罕見，因爲**恐懼**是大腦用來**抵禦嶄新體驗**的機制。

進行視覺化練習時，就是在教導大腦與我們的渴望變得親密、熟悉，使大腦能夠立刻認得它。只有經過反覆地認識，大腦才會熟悉我們的渴望。我們希望在大腦接收到渴望時，可以把消耗的能量盡可能降到最低；我們希望自己的渴望就像一雙穿了很多年、可以完美貼合雙腳的拖鞋，讓大腦能輕而易舉、毫不抗拒地接納它。這種現象稱爲

「認知放鬆」。當大腦已經鉅細靡遺地熟悉了我們的渴望，在迎接它融入人生時，需要的能量消耗將大幅減少。如果我們預先投注一些心力，讓大腦**提前習慣**我們的目標，在關鍵時刻來臨時，大腦就不會因能量負擔過大而退縮。如此一來，當我們的渴望終於出現，準備和大腦談生意時，大腦早就已經了解、喜歡它，從而對它產生**信任**。

更重要的是，教導大腦有意識地認識我們的渴望還不夠，我們希望將渴望編進讓**大腦自動處理的資訊**之中。大腦必須能在潛意識知道我們的渴望，如此一來，即使意識集中在其他地方，大腦仍然能找到並辨識出這份渴望。

主動教導潛意識什麼是重要的

說到心智，多數人會認爲我們擁有意識心智、潛意識（或前意識）和無意識的心智。神經系統自動運作的部分，由潛意識和無意識組成，代表心智處於意識層面以下的部分。先前探討過，心智好比一座冰山，意識（我們平常清醒時所察覺的部分）代表浮在水面上的部分，僅占了心智不到一〇%，剩下的九〇%由潛意識和無意識構成，並隱藏在水面之下。簡單來說，意識是指透過感官、感質（對於感受的主觀解釋），以及在某種程度上參考回憶與過去的體驗，進而察覺內在和外在的存在。今天，這個定義通常還包括各種類型的感覺、體驗、認知或看法。

在意識層面，我們可以感知周圍的事件、與他人的互動、生存必要的感官訊號、當下發生的事情及其他許多事物。然而，還有無數事件是自動發生，且在意識層面並不會多加留意，例如體溫控制、心跳速率、荷爾蒙釋放，或是維持身體穩態控制的其他重要因素（自動過程）。這些機制都經過數百萬年的演化。

雖然我們可能未曾意識到，但冰山沉在水面下的那九〇％，會對行爲產生強大的影響。因此，潛意識從不間斷地工作、照料我們，並自動替我們做出許多決定。在某種程度上，我們能清楚意識到水面下進行著龐大而複雜的過程，但從而爲我們帶來的體驗，卻常常讓我們對這些運作感到驚訝。潛意識感覺起來似乎很奇怪、神奇，甚至令人害怕，因爲我們看不見它是如何運作、正在做些什麼，甚至覺得它像是影子政權，躲在幕後拉動人生的線。我們對於人、事、物的反應大多源自潛意識層面，或者說隱藏在水面下方，未曾意識到自己有能力掌控自己的反應。結果我們時常忽略它們，在不知情的狀態下被左右行爲。

隨著持續進行顯化，我們所做的事有部分就是和潛意識交朋友，尊重它的智慧和力量，並且透過練習來感受它正在爲我們效勞，即使它的運作很隱晦。我們要謙虛地承認，清醒時的心智其實都仰賴潛意識的運作。久而久之，便學會認知到潛意識是直覺、內在指引、創造力和韌性的源頭。事實上，正是潛意識讓我們能在不自我干擾的情況下追求目標，因爲它能善用我們的自主性，避免被自我意識削弱或分心。

潛意識系統能夠將更深層的意圖與不斷轉移我們注意力的喧囂給分開。它能夠**攀附在意圖上**，不會被喧囂轉移注意力，所以可以極度專注於任務，同時保持不受干擾。透過這種方式，潛意識便能將**注意力與機會的交集範圍提升至最大**。

與潛意識合作的關鍵，在於透過**改變投入注意力的目標**，以及對於所選擇目標的**感受**，來教導潛意識我們重視的是什麼。藉由這個方法，將潛意識與內在羅盤的指引方向對齊。假如我們不斷分心，滿腦子想的都是工作待辦清單、他人的想法，或是一整天下來的大小事，就無法專注於有意識地嵌入意圖，使其成爲我們的心智的內在指引。

我們透過不斷重複和正面情緒，教導潛意識什麼是重要的事物。重複執行這種儀式與視覺化練習時，就進入了「心流」狀態，或者說完全沉浸於內在活動中。正面情緒的深度體驗，無論是來自現實或想像，都能教導潛意識將我們想追求的目標與身體的生物獎勵系統相互連結。在這種狀態下，自我意識感會減弱，藉此超脫心理習性所產生的限制性信念，並從更深層的內在資源，例如憐憫心或想像力的產物獲得指引。全神貫注在內在願景，便是使我們與創造力連結，並得以將渴望的意圖植入潛意識的狀態。神奇之處在於，在日常生活中忙得團團轉時，縱使無法透過意識心智刻意想起自己的內在意圖，但潛意識仍然會**持續處理意圖，並與其保持同調。**

潛意識：檔案管理員與獵犬，創造共時性

可以把潛意識想像成由一位檔案管理員和一隻獵犬所組成。檔案管理員負責管理容量有限的檔案櫃，檔案櫃容量受限於大腦所保存的能量。我們放進檔案櫃的東西會決定潛意識如何運作，以及會朝哪個目標努力。一旦檔案管理員將某個文件歸檔後，獵犬就會認得那股氣味，並不停在環境中搜索，哪怕是最細微的氣味都不放過。因此，如果我們在檔案櫃裡放進想要實現的事物，獵犬就會一直追蹤這條線索，直到接到新的命令爲止。當我們選擇將某種資訊放入檔案櫃，獵犬就會在潛意識層面採取行動，動用牠所能找到的一切力量和資源，時時刻刻尋找能實現目標的機會。所謂的「共時性」（synchronicity）體驗就是由此而來，意指爲了協助實現某個特定的渴望，事物開始出現看似意料之外的關聯。這就是顯化的一個基本組成部分。

由此可見，潛意識的資源非常寶貴，且具有塑造命運的力量。**潛意識在尋找什麼，意識就會發現什麼。**因此，如果我們感覺受到威脅，並在潛意識中認定自己活在充滿敵意、會對我們造成傷害的世界，內心的獵犬就會不斷尋找威脅，我們也會在外在環

境中發現越來越多危險元素。而如果我們教導潛意識尋找連結、喜悅、滿足和繁盛，我們會自然而然發現，現實中出現越來越多體驗這些正面情緒的機會。現在問題來了，我們該如何進入那個檔案櫃呢？

大腦的忽略與慣性模式

潛意識檔案櫃的空間並非唯一有限的寶貴資源，意識的注意力同樣也極爲有限。我們的身體系統每秒會接收約一千萬位元的資訊，相當於十部高畫質電影。然而，每秒能有意識處理的只有大約五十位元，這意味著大腦約九九．九九九五％的頻寬無法爲意識所用。

基於資訊處理量如此巨大的落差，大腦的設計傾向採用「忽略與慣性」的運作模式，而非「專注與選擇」。我們每天所做的選擇，大部分都源於未受審視的習慣，或是面對威脅時自動產生的反應，所以我們多半不會停下來問自己，要是認眞思考的話會做出什麼決定；相反地，都是**讓潛意識自動做決定**。結果到頭來，我們眞心渴望的與實際做出來的往往都會脫節。因此，關於如何引導注意力，必須有意識地培養更健康的習慣。越專注在某個特定意圖上，就越能教導內心那位檔案管理員，將它優先納入作爲內在指引。有句話說：「注意力往哪去，能量就往哪去。」就是這個意思。這也是大腦皮質之所以能幫助顯化的原因：它有辦法把僅僅「五十位元」的注意力**聚焦**在我們選擇的地方。

我們必須了解，潛意識會對重複的事物產生反應。越聚焦於特定結果、越頻繁地將其視覺化、越常用五感去加以想像、體驗，向自己和全世界反覆訴說這個渴望，內心的檔案管理員就會逐漸明白我們的渴望有多「重要」，接著那隻獵犬便會展開行動。

想要了解如何把意圖嵌入潛意識中，可以用幾個比喻來說明：**心流**、**催眠**，以及**安慰劑**。

徵用交感神經系統

負面情緒和威脅感之所以對潛意識有如此強大的影響力，是因爲根據大腦的演化構造，交感神經系統不需要經過任何神經處理過程就能直接接觸及潛意識。因此，只要感知到威脅，都能在幾乎不經過意識思考的情況下，迅速觸發「戰鬥、逃跑或僵住反應」。正如先前章節所探討過的，問題在於交感神經系統非常容易起反應，並且會劫持一切資源來完成目標，因爲它的職責是保護我們、讓我們存活下來，至少在歷經數千年來的安全威脅後，這是它對自身工作的解釋。很可惜，它做的很多事根本無法眞正幫助我們存活，而且在現今的世界，也無法幫助我們茁壯繁榮。只要潛意識被交感神經系統主導，內在的檔案櫃就會充滿害怕、恐懼、不安全感及習慣性信念，將人生體驗扭曲成負面、讓人害怕且受限。在將覺察的光芒帶進潛意識之前，必須明白這裡其實是生存恐懼與欲望的領域，是我們經過演化所遺留下來的產物。

因此，駕馭潛意識力量的第一步，是將交感神經系統所有一時的衝動與需求昇華。在實務上，這意味著要認清自己老是感到壓力和焦慮的傾向，是源自祖先在演化過程中的經歷，而這些經歷早已深深嵌入潛意識中，成爲我們預設的作業軟體。當我們知道潛意識如何運作時，便獲得了將資訊輸入系統的力量，開始把自己**選擇**的資訊輸入潛意識中，取代從交感神經系統取得的預設資訊——我們開始顯化出自己的自主性。

我們所做的是利用大腦皮質這個較高層次的控制系統，在意識層面上改變迷走神經對我們的意圖做出的反應。透過這麼做，我們創造了一條**能直接影響潛意識的神經通道**。當我們有意識地反覆練習視覺化技巧和儀式，以喚起與期望的結果相關的強烈正面情緒時，就是在**增強副交感神經系統的力量**，同時減弱交感神經系統的力量。

潛意識同時具有擴展與收縮兩種面向。換句話說，交感神經系統能在我們無意識的情況下影響潛意識，而皮質能讓我們有意識地影響潛意識。使用這股力量時，就打破了交感神經系統對潛意識的壟斷，使我們得以擺脫束縛，不再被難以忽視、會使我們偏離內心意圖的生存恐懼所掌控。透過使用暗示性和有意識的重複練習，我們限制了交感神經系統連接潛意識的直接通道，並能夠選擇對潛意識輸送積極正面的內容。

我們必須不斷強調這種選擇的力量。大多數人都認爲未來的人生無法選擇，單純是因爲自認爲無法積極影響自動產生的行爲。這實際上意味著，我們讓交感神經系統主導了行爲和思想，從而顯化爲恐懼。相較之下，若能了解副交感神經系統（大腦的執行控制區域）不僅在意識層面，甚至在潛意識層面也能改變我們對世界的反應，並依此行事，將會截然不同。多數人並不知道，每個人都有能力進入自己的潛意識，並能夠藉此改變未來。

心流的神經生物學

「心流」是正向心理學家米哈伊．契克森米哈伊推廣的術語，意指完全投入某項事務，伴隨自我指涉思維（self-referential thinking）減少的狀態。當我們有明確的行動目標，並覺得能力足以應付眼前的挑戰，就會進入心流。

處於心流時，通常會經歷自我超越的狀態：內在批判者的聲音消失不見、習慣性擔憂和自我意識逐漸消退，覺得與當下、自我及環境融為一體。無論周遭多麼混亂，都感覺自己掌控了一切。時間轉瞬即逝、空間似乎隨著我們的意志彎曲，有股清晰的方向感指引我們的行動。藝術家陷入創作狂熱、運動員在緊要關頭進入「極限領域」、科學家沉浸於探索創新的過程，這些是對於心流常見的印象，但它也會出現在較為平凡的情境，比如在工作中完成任務，或是閒暇時在花園除草之類的。處在心流狀態時，可能會徹底陷入某個任務，沒注意到一天過去，自己什麼也沒吃，既不感到疲倦，也不覺得無聊。雖然實際上付出了巨大的努力，工作感覺起來卻不費吹灰之力。心流體驗往往伴隨著健康的成就感、深層的意義感，以及久久揮之不去的愉悅或狂喜，讓我們感受到生命的價值。

研究人員持續探索心流的神經相關性，一般的假設認為心流狀態的特徵是大腦額葉的活動減少，而額葉正是負責產生意識控制的感覺。與意識控制恰恰相反，在心流狀態中表現的許多行為似乎是由下而上，從潛意識中自動發動的。這正好為許多表現優異者回報的體驗做出了解釋，他們都描述自己的技能經過多年磨練，但在實際上場的那一刻卻似乎把所有能力都忘了，只是「順著心流走」。

心流的特徵在於高度的專注或沉浸感。要產生這種狀態，大腦的中央執行網路會主動抑制與任務無關的刺激，以及任何可能分心的念頭。我們預設模式網路的活動也會隨之削弱——大腦這個部分在我們沒專注於外在的認知任務時，會讓思緒飄忽與憂慮。這意味著在心流狀態中，自我指涉思維會減少，也由於不再因爲「太自覺」而批判自己的一舉一動，壓力程度也會下降。心流還會徵募大腦的多巴胺獎勵系統，這個系統通常伴隨著樂觀、希望、可能性及強烈的動機感，同時能減少疲勞與不適。如果說吃角子老虎機或手機跳出的通知會造成多巴胺短暫激增，心流則會讓人持續沉浸在多巴胺的體驗中。心流的弔詭之處在於，你雖然正朝著目標前進，可是目標卻變得無關緊要。獲得獎勵的願景能激發爲了完成目標而全心投入的感受，但那種一心一意、專心致志的滿足感和過程中的沉浸感，本身就是種圓滿。

處於心流時，我們擺脫平時習慣性背負的包袱，不再受到外界干擾而分心。就神經學層面而言，大腦皮質會減少感覺中樞（負責認同感），以及頂葉中負責處理時間的神經迴路所傳來的訊號。

練習以完整的感官細節來將自己的意圖視覺化，便是努力在想像中進入心流狀態，希望自己能像投入現實任務一樣，沉浸在想像的任務裡。研究顯示，當大腦沉浸於深度集中和專注的狀態，例如在心中排練渴望的結果時，大腦對時間和空間的感知就會減弱。當身邊的環境與相關事物在意識中占據的空間越少，就越能解放想像力，讓它帶領我們在腦海中盡情體驗自己的意圖。正是如此專注的行爲解放了我們的心智，去棲息於內在願景中，就如同它也解放了那些表現優異者，使他們得以優雅、協調而精準地執行任務。

某種程度上，心流狀態代表意識與潛意識完全接軌，共同爲我們的意圖而努力。處於心流時，就能以特別的方式取得潛意識更深層的資源，更直接地加以運用。此外，也可透過催眠之類的方法，尋求這種進入潛意識的「VIP通道」，因爲催眠也運用了許多相同的大腦區域。

催眠和安慰劑效應

練習反覆視覺化這個基本顯化基本技巧時，本質上就是在催眠大腦認定我們的意圖至關重要。打開 YouTube，可以找到無數催眠表演者的影片：先讓觀衆進入恍惚狀態，再引導他們忘掉自己的名字、狂笑不止、突然昏睡，或在清醒狀態下變得像喝醉酒一樣。神經科學家曾經測量催眠對於大腦的影響，得到幾個重大發現。從根本上說，催眠就是改變使用心智的方式來控制感知，甚至是身體。催眠與心流類似，也是透過完全沉浸狀態來運作。

史丹佛的研究員利用功能性磁振造影，透過偵測血流變化來測量大腦活動，藉此監測患者處於催眠狀態下的大腦，觀察到幾個顯著現象。首先，他們發現大腦警覺網路的一部分——背側前扣帶回的活動明顯減少。此現象的原因在於，我們在催眠中處於徹底的沉浸狀態，注意力都聚焦於此，不需要再掃描內部和外部環境來搜索其他顯著刺激。研究員還發現，背外側前額葉皮質與腦島之間的聯繫增強。這些區域的協力合作，表示大腦與身體之間形成連結，使大腦的回應更加靈敏，甚至能對身體傳來的感覺產生部分的控制力。最後，他們還觀察到背外側前額葉皮質與預設模式網路之間的聯繫減弱。這類功能性連結的削弱，很可能代表受試者無法有意識地察覺自己的舉動。此時，受試者不再思考自己在做什麼，而是進入超越憂慮或自我意識評價的狀態，只是單純地做出行爲。

催眠期間這種行動與意識脫節的體驗，意味著受試者對催眠師或自己的暗示有極高的接受度。由於不再被消耗大量腦力的自我意識所牽制，他們會更容易投入原本在日常生活中可能引起防禦反應的活動。換句話說，催眠能使我們完全沉浸在自己投射注意力的目標上、更有能力掌控身體和感受，不再自我設限，得以自由發揮潛意識的力量。而透過反覆視覺化，刻意將某個意圖嵌入心智時，我們使用的生理通道就和催眠一樣。

顯化過程的另一個類比，可以在安慰劑效應的現象中找到。我們都聽過一些驚人的故事，有些慢性病或疼痛的患者，在服用了聲稱能帶來神奇療效的藥物後，成功克服了病痛並完全康復，最後卻發現服用的其實只是糖錠。觀察顯示，僅僅是服用糖錠的動作，就向他們的身體發出了「可能痊癒」的信念，促使身體在基因層面發生變化，進而擊倒疾病。和催眠過程相似，之所以會產生安慰劑效應，是因為病患的意識正在跟潛意識與自主神經系統溝通，並利用心智在細胞層面重塑身體。由於病患抱持著可能痊癒的信念，存在意識中的療癒意圖因而被植入潛意識裡，從而改變基因製造細胞的方式。之後，病患的身、心、靈都接受這個想法為眞，並在情感上深信不疑，最後透過戰勝症狀的方式將意圖表現在身體上。

這些過程的共通點，在於大腦皮質具有降低外界噪音的能力，藉此減少來自感官的干擾，包括削弱錯誤或扭曲的信念，避免它們成為療癒與實現目標的障礙。預設模式網路的活動也會顯著減少，這個網路一般負責我們對自己所做所為的自我批判。最後，在集中注意力時，盈滿身體的正面情緒會啓動大腦的獎勵中樞，使我們更能察覺實現自身意圖的可能性，並更願意忍受不適來達成目的。因此，意識可以存在於超越身體、物理環境，甚至時間本身之外的空間中，內在意圖也因而越來越可能化為現實。

儀式的力量

潛意識對於由特定行爲引發的強烈情緒，會有非常深刻的反應，這解釋了爲何許多顯化練習都圍繞著儀式，這些儀式通常是以精確方式重複進行的行爲。儀式是種強大的方法，可以讓意識與潛意識共同聚焦於某個特定目標，使我們進入「心流」狀態。

在好友兼作家尼爾·羅金（Neal Rogin）的介紹下，我認識了「金錢的靈魂學院」與「帕查瑪瑪聯盟」的創辦人，琳恩·崔斯特（Lynne Twist）。琳恩告訴我，她在和潛在捐贈人見面之前，會先寫下自己對這場對話的目標和期望的結果。接著，她會點燃一根蠟燭。無論是爲了帕查瑪瑪聯盟募資來保育亞馬遜河神聖的源頭、籌辦飢餓計畫，或爲了諾貝爾婦女倡議這個組織募款，她都會在心裡回想自己的首要意圖：「促進資金重新分配，從恐懼流向愛，從破壞轉爲滋養社區、家庭與世界。」凝視著蠟燭時，她清楚意識到，自己將有天大的良機能與另一個人類交談，理解對方眞實的自我和內心的慷慨，並向對方提出合作邀約，而不是以任何方式操控對方。在她私人的神聖空間中，她與潛在捐贈人進行精神交流，並透過心的視角來想像這次對話，詢問對方是否願意讓自己的金錢成爲散播愛的管道。她會想像對方的回答，也許對方會眞心接受邀請，或者選擇拒絕，並將金錢用於其他目的。無論哪種答案，她都會想像對方對自身的回應感到全然滿意與充實。如此一來，即便捐贈人決定不參與，琳恩也不會失望，而是單純「祝福他們並放手」。

有無數種儀式和實踐方法，可用來將意圖嵌入心智更深處。有些儀式就如同琳恩的方式，有些則較爲平凡。例如有許多人會寫下自己的意圖，放在每天都能看到的地方，像是浴室的鏡子、車子的儀表板上或皮夾裡，或是像安努拉那樣寫信給自己，並隨時帶在身上。每當看到寫著自身意圖的紙張，就可以重複想像達成目標時的情景，並喚起當目標化爲現實時，身、心、靈即將體驗到的美好感受。隨著不斷練習回想期望的結果，反覆出現、想要體驗願望成眞的意圖就會爲我們的注意力（乃至於潛意識）帶來動力，進而影響結果。

透過未來預演，將意圖嵌入潛意識

對金凱瑞而言，他必須意識到童年植入潛意識的負面和自我限制信念，成爲了他顯化渴望的障礙。當他意識到這些事，便能夠刻意向潛意識提供具修正效果的信念，並透過肯定句、視覺化和反覆的儀式來嵌入他的潛意識，這正是他在穆赫蘭大道上坐在車裡所做的事。金凱瑞藉由將意圖與當下所體驗到的**強烈正面情緒**連結起來，**重新引導**潛意識把注意力放在渴望的結果上，並提醒他的警覺網路**掃描實現目標的機會**。那些證明這個世界殘酷、無常和不公不義的證據，對他的心智已變得無足輕重，取而代之的是充滿希望的成功跡象、推動生涯夢想的各種機緣，以及在面對不可避免的挫折時堅定無比的毅力。

金凱瑞將他在視覺化過程中獲得的力量、感激、愉悅等感受（以及這些強烈的正向情緒體驗所釋放的神經傳導物質），與在喜劇俱樂部精進演藝才華時所展現的強烈工作倫理相互結合。他在心中排練時經歷的正向情緒向大腦發出訊號，告訴大腦他渴望的體驗值得關注，並且應該投入心理資源來追求這些目標。某種程度上，他當時是在催眠自己，藉此掙脫童年痛苦經歷的魔爪，邁入未來獲得成功的嶄新現實。他透過遠眺洛杉磯、排練成功模樣的儀式來影響他的大腦，就如同病患到醫院去拿回一堆「藥丸」來服用的醫療儀式，藉此透過安慰劑效應而受益。因此當成功真正來臨時，金凱瑞的意識早已藉由內心的排練，把它當成一種經驗上的現實而體驗過了，也準備好無所畏懼、毫不抗拒地迎接它。

練習：將意圖視覺化

許多人難以想像自己擁有顯化的能力與主動性——相信成功的動力並不掌控在自己手上，反而比較簡單。其實每個人的內在都有超能力，可以爲自己想像出不可思議的可能性，那便是視覺化的力量。我第一次在魔術用品店向露絲學習這些技巧時，「視覺化」這個用語還不普遍，也沒什麼人了解神經可塑性的概念。我從那時就體會到，在勤奮練習並抱持開放心態的狀態下，視覺化的力量有多麼強大。

1. 做好準備

①找個適合練習的時間和場所，確保不會受到打擾。

②別在壓力大、有其他事情分心、二十四小時內曾經飲酒或使用娛樂性藥物，或是疲累的時候進行練習。

③手邊準備一疊紙張和一枝筆。

2. 開始將意圖視覺化

①以輕鬆的姿勢坐著，閉上雙眼，想著你希望顯化的願望，同時讓思緒自由飛翔。此時常常會浮現負面的念頭或意象，但你可以立刻將注意力引導回

想要顯化的目標上。

②持續幾分鐘，如果你的心思飄走了（極有可能），就立刻重新拉回你希望顯化的念頭上。

③在你想的同時，試著更清楚想像成功顯化目標時的景象。看看在這些景象中的自己是什麼模樣、你的體內和內心有什麼感覺。

3. 進一步放鬆

①坐直並持續閉上雙眼，用鼻孔緩慢吸氣，再用嘴緩慢吐氣，以這種方式呼吸三次。

②重複相同呼吸方式直到覺得舒適且自然。

③現在從腳趾開始放鬆全身肌肉，由下一路往上放鬆到頭頂，並在專注放鬆身體的同時感覺越來越輕鬆、越來越平靜。在此過程中，你會發現有股平靜感包覆著你，讓你感到安穩無比。隨著你緩慢地吸氣和吐氣，你感覺到一股溫暖和接納感，不再擔心別人會評判你、批評你的夢想和志向。你開始更清晰地看見你想要顯化的心願。

④持續緩慢吸氣、吐氣，感覺全身舒適，徹底放鬆。你現在不再分心，並且更加專注。

4.再次將意圖視覺化

①現在再次想著你正在顯化你的意圖。專注想著你確實達成想要顯化的目標時，會是什麼景象。

②緩慢地吸氣、吐氣，感受那份滿足感和成就感。你意識到隨著這麼做，你實現願望的可能性也越來越高。你已經顯化意圖的畫面變得更加清晰。

③你放鬆又平靜，並覺得你能實現任何渴望。你感覺和內心想要顯化的無窮可能性建立起連結。

④靜靜坐著感受這些感覺，並持續緩慢吸氣、吐氣、吸氣、吐氣。現在慢慢睜開眼睛。你覺得平靜，無所畏懼。

5.記錄你的意圖

①拿起紙筆，用至少五分鐘的時間，把你在顯化時所看見的一切，以自己的話寫下來。越明確越好。

②如果是和職業目標相關，把包括時間、地點、身上穿的服裝、當天的時間及你的感受等所有細節一併寫下。如果是關於某個物品，盡可能包含更多細節，深入描述這個物品及擁有它的感覺。想像你擁有這個物品的樣子，盡可能鉅細靡遺地想像。

6.回顧你的意圖

①在心中默唸寫下的文字，接著閉上眼睛，再次想像顯化目標後的感覺，持續幾分鐘。

②睜開眼睛，大聲讀出自己寫下的文字。

③閉上眼睛，再次想像顯化目標後的感覺，持續幾分鐘。

7.反覆練習

①有些人可能覺得，這項練習一天進行二十分鐘就夠了，而有些人一天可能會練習不只一次。事實上，越常進行這項視覺化練習，達成夢想的可能性就越高。

②請記住，雖然可以視覺化並顯化只對自己有益的願望，但當你能夠思考，你想顯化的願望如何爲比自己更大的目標效勞時，顯化的力量會更加強大，成功的機會也更高。並不是說顯化必須絕對無私，但當目標也能造福他人時，顯化的力量會變得更大。

如同在金凱瑞的例子所見，顯化並不是一次性的活動，而是一種有意識的練習，需要勤奮、用心地培養。我們甚少立刻獲得想要的事物，反而必須無畏艱難、持之以恆，即使外在環境（和自己的心態）看似在阻撓我們達成目標，也不放棄。而且我們幾乎都會有那麼一刻，必須尋求他人的支持來幫助我們實現目標。因此，下一章即將邁入第五步「滿懷熱情追求目標」，將探討「休息與消化」反應如何讓我們有意識地與他人建立連結，以及該如何透過將意圖與更崇高的目標接軌，成爲他人願意伸出援手的人。

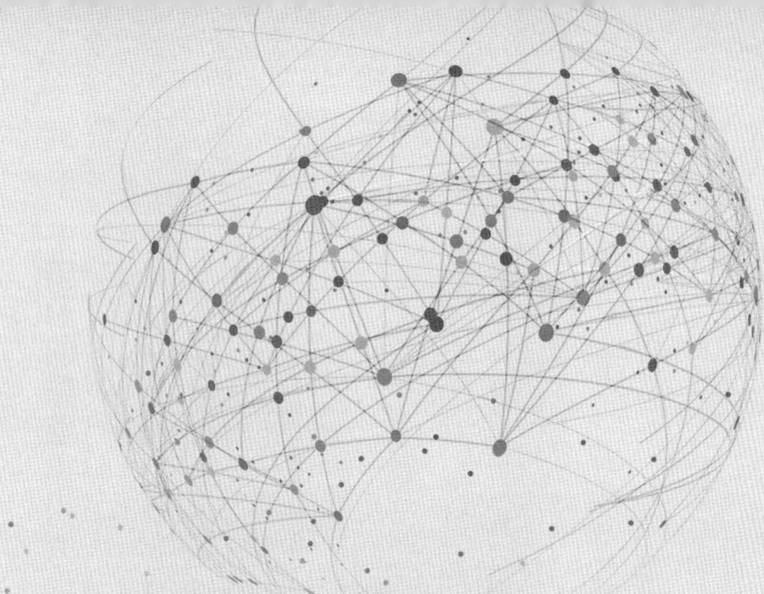

第七章

第五步

滿懷熱情追求目標

永遠跟隨你的熱情。永遠不要問自己這是否實際。找到你內心深處無所不能的地方。

——狄帕克．喬布拉（Deepak Chopra）

讓心的羅盤指引方向

間熱帶輻合帶是地球上最危險的航海區域，又被水手稱爲「赤道無風帶」。東北信風與東南信風在熱赤道附近交會，當東北信風消退，隨之而來的是長時間平靜的天候，接著是強烈的風暴，再來是強度較弱、無法預測的風。由於幾乎無法判斷洋流的方向和速度，也無法辨別前一次風暴的風向，此處是航海人的噩夢。

在前往大溪地的航程中，奈諾亞．湯普森對於進入無風帶感到恐懼。雖然在媒體和對他寄予厚望的波里尼西亞人面前，他表現出一副英勇無畏的神情，但在視線幾乎完全被雲層遮蔽、無法使用天文線索引導方向的情況下，他懷疑起自己的導航能力，喪失自信，不敢相信直覺。他害怕必須盲目航行，而這正是他遇上的情況。

他描述抵達無風帶時，天色完全暗了下來，雨水不斷打進眼簾。當時風速約二十五節，強風的風向不斷改變。船航行得飛快，他們卻看不清楚航行的方向。湯普森說：「當時就是最糟的情況，衝得飛快，卻不知道自己要去哪裡。」

他無法告訴掌舵員該往哪個方向航行，雖知不能屈服於疲勞，他的身體卻充滿了緊繃感。

起初，湯普森用心智對抗惡劣的天候，使勁尋找天空中的熟悉線索，藉此引導木舟的航向及他覺得有責任照料的水手。最後他放棄了，筋疲力盡地靠在欄杆上休息。他放下了與天氣對槓的心理，徹底放鬆。接著，他記得當時發生了一件怪事。

「一股暖意湧上心頭。突然間，雖然我看不到月亮，卻知道它在哪裡。溫暖的感覺和月亮的意象給了我強烈的自信，即便出航前我已經說服自己我沒信心找出該去的方向，卻很清楚該往哪裡去。我修正了木舟的航向、把一切都調整好，而且在如此寒冷、潮濕又惡劣的環境中，我卻感覺非常舒適。接著就在那一刻，雲層中冒出一條裂縫，月光照了進來，而且正好就在我預料中的位置。我無法解釋，但那是我在所有航海經歷中最珍貴的時刻。我意識到自己的能力和感官之間，存在一種無法用數據分析、無法用肉眼看見的深刻連結。」

在顯化的過程中，無可避免會遭遇障礙、逆境和挫折，甚至可能會被自我懷疑淹沒，對自己實現意圖的能力喪失信心，就像奈諾亞．湯普森一樣，失去以往在航程中所仰賴的指引與線索。當我們面對自己的黑暗時刻，陷入恐懼與往事中，被自認爲無能、不配或犯錯的幻覺包圍時，可以**讓注意力回到最深層的意圖上**，尋求我們一直在培養的、既簡單又強大的練習，藉此顯現內心羅盤所指引的方向。而當我們像席維亞一樣，在漆黑的叢林中摸索出路時，可尋求身邊的助力，讓知道方向的善心友人帶領我們找到出路。

我們可以將更多時間投入自我憐憫的練習、尋找新的視覺化方法來想像達成目標的模樣，或是探索新的儀式來協助進入心流狀態，從而**擺脫自我干擾**（和思緒），**讓生命隨順發展**，做出光憑意識永遠無法辦到的事。在顯化意圖時，自然而然會遇上困境，然而有各式各樣的策略能幫助我們度過考驗，包括：**從小目標開始**、**成為你想幫助的人**、**調校我們的目的**，以及**感受共時性**。

從小目標開始

顯化是需要積極投入的練習，更重要的是了解：將個人意圖放進潛意識的過程，需要**不斷反覆**才能成功。就如同練習各種事物一樣，最好先從能夠掌握、不會超出能力範圍的小目標開始。如果想連跳一百萬步，還期望立刻獲得驚人成果，必然會感到失望，並對過程喪失鬥志。更糟的是，還可能會過度自我批判，把失望發洩在自己身上。達成小目標有助於建立自信，以及對顯化過程的信心，而在實現目標時帶來的正面情緒，也會鼓舞我們繼續追求下一個目標。這便是踏著小步伐前進的優點，不僅能變得強大，又不會無法招架。

顯化並不是一次性的練習；它既不是魔杖，也無法令人無視物理法則或跳過人類發展的自然階段。我們可以追求的目標並不受限，但即便是最瘋狂的夢想，也只能循序漸進地實現。儘管有時可能很快就見效，但顯化並非一夕之間的奇蹟，沒辦法瞬間從零跳到一百。我們必須認清，顯化並不是被動的努力。事實上，顯化沒有免費的捷徑，而是主動投入的過程，需要踏著小步伐逐漸邁向最終目標。無論是追求學術成就，或想要臥推四百磅，都必須全心投入。不過我們的確可以顯化出極為卓越的事物，但往往必須先將這些事物嵌入潛意識中。隨著時間經過，當機會出現、我們也做出回應時，每個小事件終將對意圖的顯化帶來貢獻。

在這條路上，透過每一小步所學到的啓示都將賦予你智慧，使你在面對無可避免的挫折時能夠堅持下去。更重要的是，花點時間享受每一個迎面而來的小收穫，盡情品味與欣賞，不要急著朝下一個目標邁進。養成習慣所需的不只是行為上的重複，還包括好好地完成一件事時伴隨而來的正面情緒。

成爲你想幫助的人

你也許認爲，擺脫困境的方法是加倍付出、更努力督促自己、更加奮鬥不懈。我想提供一個看似違反直覺的策略：反思你看待世界的眼光、你認爲自己在這個世界所處的位置，最重要的是你對遇到的人帶來什麼影響。有意識地改善與身邊衆人的互動，可能會成為克服阻礙並實現目標的關鍵因素，因為你能因此建立一個盟友團隊來幫助你。

神經系統不斷對我們周遭的人與環境產生反應，掃描可能的威脅與機會。史蒂芬·波吉斯（Stephen Porges）提出「神經覺」（neuroception）作用，這是個負責檢測威脅與安全的潛意識系統，負責將我們每次與他人的遭遇歸類為安全或危險，並下意識地決定要接近或遠離。當我們處於「休息與消化」模式中，身體會表現出所謂的「社交參與系統」，伴隨著一系列的生理變化：心跳減慢、唾液分泌與消化作用變得活躍、臉部肌肉受到刺激以表現出正面的心理狀態，聲音表達也會增強，並願意與他人保持長時間的視覺接觸。這些變化會影響我們對刺激的反應、臉上出現的表情，並且**影響他人如何回應我們**，這點對顯化來說也是最重要的。當我們以不同方式看待世界時，就會用不同的方法與其互動；同樣地，世界也會從不同觀點來看待我們。一個特別的例子是，我們耳朵的中段肌肉會開始運作，而這些肌肉負責聽取人類音調中的細微差別。多重迷走神經理論的研究人員發現，只有在覺得安全時，人聲在耳朵裡聽起來才會顯得特別；處於「戰鬥、逃跑或僵住」模式時，我們的耳朵只會專注於高頻和低頻的聲音，因為這些頻率的聲音通常表示有掠食者靠近。換句話說，**只有在覺得安全並受到照料時，我們才能真正聽見另一個人的聲音。**

對我而言，聆聽是一輩子的課題。我說的是認眞傾聽，而不是單純坐在那裡看著對方說話，並準備做出自己算計好的回應。有人說過，腦外科醫生往往「時常犯錯，但從不懷疑」，我曾經抱著這種傲慢心態和所有人互動，實際上卻剝奪了自己與他人建立眞實情感連結的機會。隨著不斷練習接納自己，我發現越來越能與他人同調，並眞正聆聽他們在說什麼。某種意義上，顯化是**與身邊的人、環境和背景建立連結的技能**，而善良和眞誠的憐憫就是通往這道連結的捷徑。當我們表現出「休息與消化」反應的「利社會」生理機能時，其他人會本能地想幫助我們達成目標，因爲他們能察覺我們的行動是在創造更大的利益，爲整體族群做出貢獻。事實上，在我們對他人表現慷慨或體驗到他人的慷慨時，會激發大腦中與食物、金錢和性相關的獎勵系統。

當我們處於第二章討論過的「綠色地帶」時，其他人會喜歡我們、享受與我們的相處。哺乳動物照護系統的部分力量在於，當自己，或看見他人陷入困境時，如果擁有足夠的安全感，我們會選擇自我安撫並練習憐憫，而不會選擇爭鬥或撤退。因此，由於我們會自然反映出周圍衆人的自主神經狀態，所以我們的綠色狀態也會促使他人進入綠色狀態，因爲他們在我們面前感到安全、放鬆與自在。我們的自我憐憫具有傳染性，就如同心臟處於和諧狀態時的電磁場一樣。安全感對於形成穩固的社交關係至關重要，主要是因爲安全感能拉近彼此身體上的距離，並藉由友善與關愛的觸碰來建立親密感。

正向的身體接觸能促進催產素釋放，從而形成社交層面上的羈絆。人們需要足夠的安全感，才能在情感層面拉近彼此的距離。

在視覺化與冥想過程中排練來自情感連結、歸屬感、目標感和成就感的正面情緒時，它們對我們來說越發熟悉，也越發不會對我們的生存造成威脅。越允許這些情感激發「休息與消化」反應中的社交安全本能，他人越容易體會我們的意圖所帶來的美好與益處，進而願意爲此採取行動，因爲這對他們同樣有益。

調校我們的目的

還記得在安努拉的故事中，她準備再次參加醫學院入學考試嗎？她進行視覺化的目標不再是如何成就自己個人的欲望，而是轉爲聚焦於當她成爲醫生後，能如何造福未來的病患，並透過她的照護提供協助和療癒。安努拉抱著新的願望參加考試，得以更加專注於自己的答案、更有效地回想知識，最終也取得更高的分數。這就像是一場煉金術，把欲望以及與他人建立連結的渴望相互結合，碰撞出奇蹟的產物。當我們反思個人欲望時，可以發現背後藏著爲世界奉獻的深層渴望。在顯化過程中，這不僅僅是個溫暖人心的副作用，更像是一種徹底的戰略資產。這個世界對於療癒生命、邀請生命流動的意圖，會做出積極且慷慨的回應。我們的意圖如何造福他人？與其單純追求只能滿足自身利益的目標，若能將這個思維融入顯化之中，將喚來意想不到的資源與助力。

有趣的是，金凱瑞職業生涯的轉折點，同樣來自他對演出喜劇揭示了更崇高的目的。他描述了一段往事，解釋自己爲什麼決定脫下譁衆取寵的外表，開始在每天晚上走上舞臺，不說笑話，只爲了發現自己更深層的動機。要知道，當時他已經上過《今夜秀》模仿貓王，並獲得「千面人」稱號，早就是超高人氣又成功的模仿藝人。

在紀錄片《金與安迪》（*Jim and Andy: The Great Beyond*）中，金凱瑞說到：「〔表演結束後〕我就會回家，然後躺在床上思考：『他們想要什麼？他們想要什麼？他們想要什麼？』而不是**我**想要什麼。我知道我想要什麼，我想成功，想成爲著名的演員。但是**他們**想要什麼？他們想要什麼？他們想要什麼？之後在某天夜裡，我原本睡得很沉，突然驚醒並在床上坐起來，我說：『他們想要擺脫憂慮。』然後一切就通了。」

隔天晚上，金凱瑞來到喜劇俱樂部，他的開場白是：「各位女士先生們晚安，今晚你們過得好嗎？好，可以了。」全場爆笑，他在《王牌威龍》中那副高傲自大的招牌形象由此誕生，讓他迅速走紅。金凱瑞說：「他們知道我不在乎，我一點也不在乎。我在床上的那一刻所下的決定是，他們需要擺脫憂慮，所以我要成爲不再憂慮的人。」金凱瑞發現，他可以將自己的才華**與觀衆眞實的情感需求接軌**，如此一來既能關懷、服務他們，同時也能慈悲地對待自己。他甚至曾經把喜劇工作視爲一種**「服事」**。

多年後，金凱瑞在二〇〇九年與心靈導師、《一個新世界》作者艾克哈特．托勒（Eckhart Tolle）的會議中，談到成功後對人生的反思。他回顧過去，發現自己就像兩個不同的人，一個是在客廳裡跳上跳下、逗樂每一位來訪的客人，另一個則努力減輕母親所受的苦難。他希望她自由，感受到「她的生命很有價值，因爲她生下了一個很有價值的人」。接著他會回到房間坐下，回到過去小孩的身分，把一疊便條紙放在膝上，捫心自問那些大格局的問題：「我們爲什麼在這裡？這是什麼？」後來，他讀到一句佛陀的格言，意思是所有靈性都是爲了減輕痛苦。他突然領悟到：「這就是我在另一個房間做的事！我的方向是對的！我的目標和這個眞理接軌了！」

換句話說，當金凱瑞將喜劇天賦與減輕苦痛、幫助他人擺脫憂慮的崇高目標接軌時，他開始成爲大家都想合作的人，這正是他曾經在穆赫蘭大道最高處想像的情境。隨著他更全面地扮演服事觀衆的新角色，**他的夢想也開始在不可思議的層面上實現**。金凱瑞回想著說：「我選擇讓衆人擺脫憂慮，而就是這個選擇讓我攀上了巔峰。你對他人的影響是世界上最有價值的貨幣……無論我走到哪裡，我所做的就是讓大家在我面前展現出最棒的自己。」

練習：我的意圖如何造福眾生？

想要提升內在的力量，我們所能做到最有效的事，就是將自身意圖和周遭的生命接軌。我鼓勵你在這項練習中反思，你身爲個體，要如何透過自己的願景來成就更宏大的事物。

1. 做好準備

①找個安靜、適合反思的場所和時間。

②深呼吸幾次，讓內心平靜下來，注意力回到當下的體內。

2. 回想你的意圖

①喚起你曾經視覺化的意圖，徹底感受由此帶來的感官細節與正面情緒。

②現在稍微將視角拉遠，這幅景象發生在什麼背景下？有哪些人會與這件事情或目標相關？你的意圖對他們具有什麼意義？

3. 將你的意圖與更宏大的事物建立連結

①思考你的意圖實現時會帶來什麼影響。或許你達成目標後，可以啓發其他人像你一樣追求屬於自己的夢想；也許你的意圖將爲家人或社群帶來歡

樂、關注或資源，又或者能夠解決影響許多人的社會或環境問題。

4. 寫下一份聲明

①寫一份聲明，描述你的意圖如何造福身邊的生命。可以寫成一封給自己、給心愛之人或是給全世界的信，或者寫成像求職信中的自傳，也可以寫成一系列你打算遵守的原則。

②當你面臨更多疑惑、抗拒或感到疲憊時，重新閱讀這份聲明來獲得支持與靈感。請記住，你正在顯化的目標是生命中更宏大脈絡的一環。你可以將自己的聲明讀出來與遇到的人分享，爭取他們支持你的意圖。

感受共時性

解決顯化阻礙的另一個方法，是利用大腦來掃描環境中的線索。我們在前一章認識了潛意識中的檔案管理員與獵犬，當管理員將我們的意圖的重要性歸類爲顯著，並讓獵犬聞過氣味後，獵犬就會開始搜索能夠實現意圖的機會，一點痕跡都不放過。這便是「共時性」現象的源頭，也就是我們的生活中突然出現、往往令人驚訝，而且過去未曾發現過的「重大巧合」。如果在實現目標的過程中感到停滯不前，可以練習仔細留意微妙的暗示和出乎意料的連結——我們過去可能將這些訊息視爲偶然或無關緊要的現象，所以並不放在心上。這類奇特的巧合可能就像隱晦的路標，暗地裡指引我們走上正確的路。只有回顧並反思這一連串的連結時，才會意識到其中**隱含的邏輯**。

想想最近所發生過讓你覺得「詭異」的事。也許有三個彼此不相關的人，最近都推薦了同一本書給你，或是你不斷夢到某個感覺蘊含重大意義的景色，或是你在某場晚宴或工作場合向誰隨口提了一下你的計畫，結果對方恰好認識另一個有能力幫助你、能爲你的計畫帶來重大影響的人。也許有某句話不斷迴盪在你的腦海中，但你一直想不起來是在哪聽到的，或是你沒來由地被某個街坊的環境所吸引，抑或是你突然想聯絡某位多年未見的老友。意識往往會專注在短期目標上，未必能準確判斷哪些事物對我們來說是眞正重要的，所以我們必須替潛意識中較爲安靜、直覺性的訊息騰出空間，而這類訊息時常透過人、事、物、環境之間的**意外關聯**，來對我們發聲。

追尋夢想的腳步：同頻共振

阿曼丁・蘿希（Amandine Roche）在法國就讀法學院時，曾經覺得痛苦不堪，一直夢想著旅行。有次朋友邀請她參加波爾多書展，而這次活動也成爲她踏上環遊世界之旅的起點。

我和阿曼丁在二〇一四年初次見面，當時我正在主辦「擁抱聖人阿瑪」這場活動。阿曼丁告訴我，她朋友的阿姨也出席了那場書展，而這位阿姨是艾拉·梅拉的摯友。梅拉是瑞士著名冒險家兼攝影師，以其經歷的卓越旅程聞名，這正好也是阿曼丁渴望體驗的人生。梅拉最廣爲人知的經歷，是在一九三五年與《泰晤士報》特派記者彼得·佛萊明一起在中國展開的三五〇〇哩長征，透過火車、卡車、犛牛、駱駝和步行橫越荒涼的沙漠，以及喜馬拉雅山的險峻山隘。她也曾在一九三九年從日內瓦開車前往喀布爾，和吉爾吉斯坦的遊牧民族生活了一段時間。阿曼丁心想：「這就是我要的生活。」

朋友的阿姨給了她梅拉的電話號碼，好讓她安排見面機會。在兩人會面之前，阿曼丁想花點時間了解梅拉的作品，爲這次見面做好準備。就在此時，高齡九十四歲的梅拉過世了。阿曼丁難過不已。當晚，梅拉出現在她的夢中，對她說：「別擔心，你可以用其他方式和我見面。帶著我所有的書籍和攝影作品，回到我旅行過的所有國家，看看這七十年來的一切有什麼變化。」

阿曼丁重新燃起希望，擬定計畫並獲得六筆資金，贊助她追尋梅拉的足跡。在整整十八個月的時間裡，她走訪了中亞、印度、尼泊爾、西藏、中國、俄羅斯與烏克蘭，全程不搭飛機，住宿也是向路上遇到的人家借宿，並利用各種交通工具代步，舉凡卡車、邊車到駱駝，來者不拒。不過還有一個目的地在等著她：阿富汗首都喀布爾。那年是二〇〇〇年，阿富汗被控制在塔利班手下。當時，阿曼丁在塔吉克斯坦與聯合國兒童基金會合作，上司告訴她，有批阿富汗難民登陸在一座布滿地雷的島上，他們需要拍攝這次救援行動來籌集資金。阿曼丁非常害怕，因爲一邊是塔利班的ＡＫ-47步槍，另一邊則是俄羅斯坦克的炮管。儘管如此，她還是接受了這項任務，也愛上了在途中遇上的阿富汗人，深受他們的慷慨好客所感動。她決定無論多危險都要前往阿富汗，於是請了假、買了聯合國的機票，卻沒有人願意帶她去，因爲實在太危險了。

俄羅斯飛行員告訴她：「塔利班剛剛擊落了我們的飛機，我們不會再回去了。」之後她嘗試透過非政府組織進入，但因爲缺乏俄羅斯批准，無法入境。接著，她試圖搭乘阿富汗軍事指揮官艾哈邁德．沙阿．馬蘇德的直升機，上司卻說她瘋了，居然想要飛進戰區。她試了三次，始終無法抵達阿富汗。最終，阿曼丁打算學習梅拉的精神，背起背包徒步前往，一有機會就搭便車。她在二〇〇一年九月來到巴基斯坦的伊斯蘭馬巴德，遇見當地法國聯盟的負責人。她向他解釋自己爲了寫書，想要追隨梅拉的腳步入境阿富汗。

他說：「你瘋了嗎？塔利班會殺了你！」並且拒絕提供幫助。她在伊斯蘭馬巴德待了一天，隔天再次遇到他。他問道：「你怎麼還在這裡？」她重申自己的願望，而他被她的決心打動，這才同意幫她聯繫自己一位名叫魯胡拉的學生，這個學生的叔叔哈比布拉正是塔利班的外交部長。

魯胡拉向阿曼丁索取護照，並在她面前打電話給叔叔。他解釋說阿曼丁三度試圖從塔吉克斯坦前往阿富汗未果，現在想試試從巴基斯坦入境阿富汗，是不是能幫幫她？哈比布拉回答：「當然可以，她叫什麼名字？」魯胡拉用波斯語唸出她的名字：「Amanuddin Rosh。」哈比布拉說：「她不用簽證，她已經是阿富汗人了。」

阿曼丁感到困惑。魯胡拉說：「眞是湊巧，我叔叔明天正好要來巴基斯坦。能免費爲你提供簽證，他覺得很榮幸。」阿曼丁這下更想不通了。當她見到哈比布拉時，他解釋說：「眞主讓你來到了阿富汗，看看你的名字就知道了。『Aman』的意思是『和平』，『djin』的意思是『宗教』，而『rosh』則是『喜悅』。你的名字代表『快樂的和平守護者』。這是來自眞主的徵兆，所以你將成爲我們無上光榮的貴賓。」多虧哈比布拉的幫助，阿曼丁成功入境阿富汗並來到喀布爾，完成了致敬梅拉精神的旅行。這一天是二〇〇一年九月十日。

不過故事還沒結束。阿曼丁與魯胡拉失去聯繫，但還是夢想能和那個讓她得以完成使命的人再見一面，向他報恩。時間來到十多年後的二〇一二年，有位朋友從法國打電話給阿曼丁，而此時的她爲了服務阿富汗人民，已經陸陸續續在阿富汗度過了十年的人生。這位朋友正在寫一本關於某位著名普希圖女性的書，並詢問阿曼丁能否邀請這位女性到家中，協助她簽下書籍合約。阿曼丁欣然同意，朋友便派來一位翻譯，結果正好是塔利班的翻譯。阿曼丁問道：「眞的嗎？那你認識哈比布拉嗎？」翻譯笑了出來。她問：「你爲什麼笑呢？」翻譯回答：「因爲他是你鄰居，就住在你這條街的轉角。」阿曼丁在阿富汗生活了十年，卻根本不知道哈比布拉是否還活著，而其實他就住在同一條街上。翻譯打電話給哈比布拉說：「哈比布拉，願你一切都好。我有個驚喜要給你。」

哈比布拉問道：「是阿曼丁嗎？」

原來在發生軍事衝突後，哈比布拉就一直在尋找阿曼丁。她直接來到哈比布拉家中，詢問魯胡拉的近況。哈比布拉透露，魯胡拉的父親剛剛過世，而他在挪威取得和平研究的碩士學位後，終於回到阿富汗了。哈比布拉打電話給魯胡拉說：「我有個驚喜要給你。」

魯胡拉問道：「是阿曼丁嗎？」

他們再次相遇，也感受到重新建立聯繫的美妙和不可思議的運氣。魯胡拉當時正在爲塔利班孩童建學校，而阿曼丁則在努力創立基金會，推動和平與非暴力文化，並教導當地阿富汗人練習瑜伽與冥想。兩人決定攜手合作。

三年後，阿曼丁在海地接到魯胡拉打來的求救電話。因爲他一直與聯合國合作，致力於提倡婦女權利，所以塔利班想要他的命。他先逃到伊斯坦堡，並試著前往法國。阿曼丁運用人脈替他取得簽證，現在的魯胡拉已經成爲法國公民。這次終於換阿曼丁伸出援手，報答他過去的恩情。

阿曼丁這樣解釋她故事中的曲折：「這就像你與自己的靈魂完全連結，巧合隨之而來，所有事情都與你的意圖對齊了。你必須保持高頻振動，並將意圖放在你想去的地方，然後去『收聽』你的直覺。遇到魯胡拉與哈比布拉是我的意圖顯化的結果，對我的命運產生了巨大影響。」

練習：掃描共時性

我們可以培養善用共時性的習慣。當潛意識開始與環境達到協調，藉此尋找實現意圖的機會時，會感覺像是戴上夜視鏡一樣。以前的我們猶如在黑夜中盲目行事，看不清楚周圍的一切；現在我們戴上了夜視鏡，周圍所有原本陌生、不曾注意到的動態都變得清晰可見，機會突然無所不在。我們不再處於一片漆黑之中。這種興趣、欲望與事件相互交織的奇特現象，時常會出現在我們讓意圖深入潛意識、開始與外界產生互動的時候。試試這項練習，提升你的接收力，讓你更容易察覺世界對你發出的暗示。

1. 做好準備

①找個安靜、適合反思的場所和時間。

②深呼吸幾次，讓內心平靜下來，注意力回到當下的體內。

③手邊準備一疊紙張和一枝筆。

2. 開始靜下心來

①在開始前，以輕鬆的姿勢坐著，閉上雙眼幾分鐘，讓思緒平靜下來。

②坐直並持續閉上雙眼，用鼻孔緩慢吸氣，再用嘴緩慢吐氣，以這種方式呼吸三次。重複相同呼吸方式直到覺得舒適且自然。

3. 掃描身體

①緩慢掃描你的身體，用你的意識輕觸每一個部位，並將意識所到之處的肌肉放鬆。

②讓全身肌肉一束束徹底鬆開，敞開你的心房。

4.掃描共時性

①現在，請你溫和地回想生活中的事件和境遇。以不帶評判的方式，讓你生活中的種種細節在心中化爲具體形象。再細微的感受都不放過，再微妙的線索都不忽略。傾聽你的人生，就像傾聽一位睿智哲人用神祕的語言娓娓道來。

②問問自己：「我有沒有發現任何規律，或是出乎意料的巧合？」回想最近發生的對話、讀過的文章或貼文、難忘的夢境或倏忽即逝的直覺。或許你曾經聽過三個八竿子打不著的人提到同一本書，或是心中不斷浮現某個地方，抑或是最近反覆想起許久前已然忘卻的回憶，重溫著某段令你深受啓發的經歷。

5.將你的觀察記錄下來

①拿起紙筆，用至少五分鐘的時間，把你在觀想自己的生活時所看到的一切，以自己的話寫下來。

②寫得越鉅細靡遺越好。要寫成幾個句子或是一整段話都可以，重要的是寫下人生想對你說的話。

6.回顧你寫下的內容

①現在閉上雙眼坐著，用鼻孔吸氣、用嘴吐氣，緩慢呼吸三到五次，接著睜開眼睛。

②在心中默唸寫下的文字。

③接著大聲讀出自己寫下的內容。靜靜坐著，閉上眼睛回想生活中的這些畫面，持續幾分鐘。

7.思考下一步

①接下來，花點時間反思該做些什麼來呼應你所發現的規律或見解。你該將內在力量用在哪裡，才能強化這出人意料的連結之網？

②再花些時間靜靜坐著，回想你發現的一切，並認知到：即使最細微的連結也可能是最大的契機，能讓你將自己的目的與願景進一步接軌。

將寫下的內容放在時常能看見的地方，方便你持續掃描人生中出乎意料的連結。隨著對共時性更加關注與重視，共時性的現象也會倍增。定期重複這項練習，提高這副心靈夜視鏡的精度，將人生爲你帶來的所有機會放到最大，藉此實現你的目標。

捲起袖子全力以赴

有時爲了實現內心的意圖，必須下苦功。想要養成積極的習慣，都需要經歷相同的過程。在過去的幾年裡，我的體重增加了不少，加上以前在滑雪時意外傷到了左膝，讓我對運動的渴望和動力更加低落。我住的社區位在山丘上，每當我走出家門，迎面而來就是一道陡坡。我有好一段時間沒有運動了，但我下定決心要減重。當時我已經再婚，我約了妻子一起，一大清早就開始爬山。才剛剛開始，我就氣喘吁吁地說：「天啊，這樣行不通，我辦不到。實在太可怕了，我的膝蓋痛得要命。」

我的身體不習慣這麼劇烈的運動，對不適感產生了抗拒，進而在心理上出現「我做不到、我沒辦法、不可能會成功」的訊號。但事實上，這一切都只是因爲我體能不好而產生的反抗。我很快就放棄了，就這麼回家去自我療傷。接著某一天，我早上五點半就醒了，對自己說：「去他的，我就是要這麼做。」我在腦中想像自己不僅成功完成，而且身體狀況良好。最後儘管上氣不接下氣，膝蓋又疼痛不已，我還是完成了整趟健行。直到現在，我已經持續健行了幾週。有趣的是，我每天早上醒來時都會說：「我討厭這件事、我不想這麼做，這樣肯定行不通。」然後我就換好衣服健行去了。我克服了疼痛和對不適的恐懼，因爲我明白就長遠來看，運動肯定對我有益，甚至可能會救我一命。我教自己的身體明白，它在短期內抗拒的事情，就長遠來看將會帶來益處。我意識到每當走完路程後，總會感到精神振奮、興高采烈，因爲這提醒了我：首先，只要抱持正確的意圖，一切皆有可能；再者，我的爬坡運動終將造福於我，讓我享受它帶來的幸福感。

深呼吸

身爲神經外科醫師，我也曾經像漂蕩在無風帶中、疲憊地靠在木舟欄杆上的奈諾亞．湯普森一樣，在內心放鬆時經歷過「領悟」的感受。有時手術出了差錯，我被迫在心無所依的狀態下搶時間，只求能挽救病患的生命。此時此刻，當周圍所有人都一片驚慌失措時，我會回歸最基本的做法：靜下心來、放鬆身體，接著打開心扉。我會在腦海中想像拯救病患生命所必須進行的手術步驟，讓自己和雙手接受某種超越理性與技術的可能性指引。我放掉意識中那股急切想掌控全局、使一切變得合理且可預測的渴望，臣服於潛意識驚人的本領，讓生命得以透過我流動。

顯化與一切事物相同，都受到生命、物理與現實的規則約束。我們不能強求某個不符合現實本質的結果。有時候，爲了實現意圖已經盡了一切努力，接下來的事情就不在我們的掌控之中了。在這樣的時刻，唯一能做的就是深呼吸，讓自己冷靜下來、打開心扉。接下來，我們要邁入第六步：放下期待，接納心的魔法。

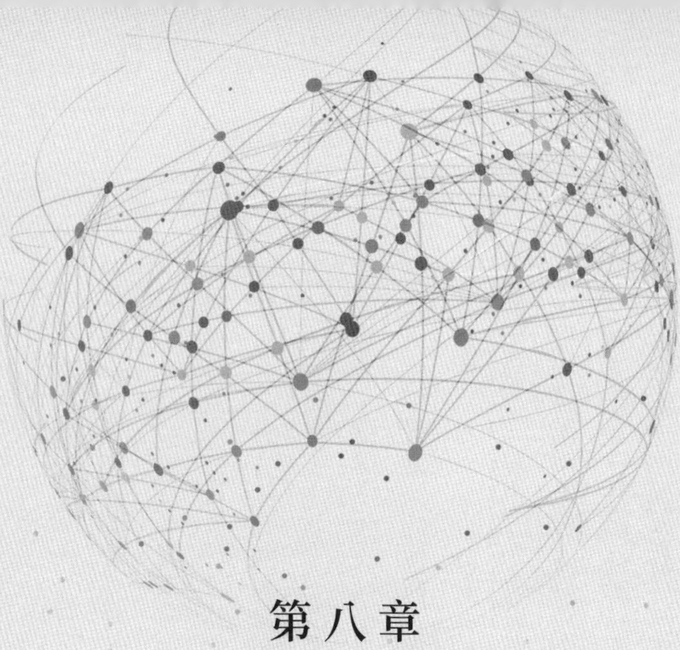

第八章

第六步

放下期待，接納心的魔法

重要的事物不會發生在一夕之間，即使葡萄和無花果也需要時間成熟。如果你現在就想要一顆無花果，我會告訴你要耐心等待。首先，你必須讓樹開花，然後結出果實；接著，你必須等待果實成熟。

——愛比克泰德

練習放手：對結果不執著

有時在追求願景的過程中，似乎會徹底陷入困境或迷茫之中，但如果敞開心扉用心傾聽，也許會發現「失敗」正帶領我們走向未曾想像過的嶄新契機。

「金錢的靈魂學院」創辦人琳恩．崔斯特在擔任飢餓計畫經理時，接收到組建帕查瑪瑪聯盟的「景象」，其宗旨為保護亞馬遜河的源頭。當時她在世界各地飛來飛去，致力於解決撒哈拉以南的非洲，以及印度、孟加拉和斯里蘭卡的飢餓與貧困問題，並負責這個組織在超過五十三個國家的營運事務，同時撫養三個孩子。這份工作來自童年時期的願景，琳恩小時候期望見到德蕾莎修女，和她一同服事奉獻，而當時的琳恩相信這是人生中最崇高的使命。她在那段期間相當忙碌，且時間有限，但還是同意請個短假前往瓜地馬拉，協助好友共同帶領一個捐助者旅行團。這趟旅程中，琳恩在山中一名薩滿的引導下，經歷了一段非凡的體驗，看見一系列景象：原住民臉上畫著橙色的幾何圖案、頭上戴著羽毛冠，時時刻刻出現在她眼前，幾乎到了陰魂不散的地步。她發現自己被召喚要改變人生的道路，將所有精力投入亞馬遜河源頭的保護計畫。

這個新浮現的、對於亞馬遜雨林和當地原住民的呼喚，讓琳恩覺得很困惑，因為她對南美洲完全沒有經驗、對當地環境一無所知，又不會說西班牙語。儘管如此，她還是開始意識到：「這是我的人生方向，我就是要走上這條路。」然而，飢餓計畫讓她很矛盾，因爲她有著極其重大的責任、熱情和承諾。她不知道如何放下在飢餓計畫中背負的職責並轉換跑道，但不斷呼喚她前往亞馬遜的面孔卻又日夜縈繞不去。就在此時，她收到了一份禮物。

她說：「聽起來很可怕，宇宙給我的這份禮物是瘧疾。」

事實上，她一次感染了兩種瘧疾，一種來自印度，另一種來自衣索比亞。

「所以我同時得了兩種瘧疾，完全被擊倒了。我沒辦法替任何人工作、沒辦法參加電話會議、沒辦法思考任何事，甚至連坐都坐不起來。」

起初她以爲只是流感，之後還被誤診了好幾次，所以都沒有得到妥善治療。直到第七次篩檢，醫生才發現她得的原來是瘧疾。這場病持續了約八個月，而在這段期間，飢餓計畫也不得不重新組織，才能在沒有她的情況下繼續運作。她的手中一度管理過數十萬名志工和大量員工，現在卻突然變得無事一身輕。

她回想著：「就當時而言，這其實是種恩典，因爲首先我無法工作、無法思考、無法閱讀，也沒辦法看電視。我處於極度虛弱的狀態，只有時間做自己，不斷思考與自我反省。夥伴爲了重新組織忙得一團亂，而經過八、九個月後，我心想『噢，我該回去工作了』，但其實根本用不著回去。」

正如琳恩所描述，雨林的神祕力量和原住民的聲音將她吸引過去，那片自然世界的誘惑幾乎成了她內心的一股執著。在她生病的幾個月裡，她想像自己身在森林，帶領當地人群，坐在藥輪中，阻擋石油公司和採礦企業踏入森林，並保護這片地球上最純樸、最具生物多樣性的雨林永遠不會受到破壞。在那之前，她的目標一直專注在防止人們死於飢餓，現在她卻看見自己回到森林中，創造一些宛如魔法的事物，防止南美洲步上非洲和印度的後塵，讓原本茂盛的雨林消失殆盡。

「我意識到，我一直在處理的貧困與飢餓問題，其實是這兩百年來大規模濫伐森林的結果。不過我們仍然擁有亞馬遜雨林，而我也發現自己在某種程度上正在從治療轉爲預防。我非常感激沒有立即被診斷出瘧疾，不然可能很快就會痊癒。我相信我的病情冥冥中自有安排，都是爲了迎接這次重大的人生轉折，或者說爲了重新分配自我和我的目標。這場大病讓我倒下，並給了我反思所需要的時間，這也是我從未賦予自己的權利，因爲我總是忙得分身乏術。也正因爲這場病，我才得以擁抱新的使命。」

雖然聽起來違反直覺，但顯化過程的其中一環，就是必須放下期望。在顯化過程中很容易落入一種陷阱，就是對自身行爲的**結果**過度**執著**。對於結果的執著，以及由於過度執著所造成的痛苦，會透過各種形式來表現。我們可能會執著於特定的時間表、特定的方式或是特定的目標，但直到最後一刻才發現，生命準備了我們從未想過的成果。

在各種情況下，假如總是堅持自己預設的結果，而沒有對當下正在改變、演進和活躍的事物做出回應，就會封閉所有的可能性，無法透過生活中的經歷來找到自己的路。倘若死抓著某個結果不放，可能會因此受到「繩燒」（因爲把繩子抓得太緊而磨傷手），所以必須練習放手。

這項練習的確很微妙，因爲顯化作用中有部分的力量，是將意圖局限在極爲具體且情感交織的視覺化意象中。然而請記住，我們看見的景象之所以鉅細靡遺，是爲了在潛意識中將意圖歸在重要的那一類，而不是爲了對外界施加實際的影響。換句話說，在腦海中保持經過強烈想像、富有情感共鳴的意象，能讓潛意識指引我們的行動，但行動的結果則仰賴周遭世界及其需求。我們無法預見遙遠的未來，沒辦法清楚得知前方道路的所有轉折，但如果在追求目標的過程中，能夠仔細傾聽周圍環境與他人的回饋，常會發現內在羅盤已經爲我們規畫好了下一步，無論那是否符合期待。事實上，不需要確切明白自身意圖將如何實現，或是會如何到達目的地，只需要找到正確的下一步即可。

精煉渴望：內在的柔術

再次重申：顯化並非一蹴可幾，反而要把顯化視爲**不斷精煉意圖，使其逐漸變得**

具體、清晰的過程。練習將意圖視覺化，透過語言和行動表達給世界並觀察世界的反應時，便是在創造更密切觸及內在羅盤的回饋循環。隨著行爲創造出正面的結果，同時伴隨著正面的情緒，警覺網路會將我們的意圖看得更加重要，並加倍努力地付諸實現。另一方面，當行爲帶來挫折、困惑，甚至對自己或他人造成傷害時，可以停下腳步，評估這個意圖是否眞的能造福我們，以及是否要繼續發揮熱情或韌性來追求；或者，應該要修正一下，讓它更能對我們正在建立的生活及期望自己有所貢獻的事物帶來福祉。

關於我們和他人及自己之間的關係，有個很有意思的矛盾。一方面，聽從內在批評者的負面聲音時，我們會極度聚焦在自己身上，而擺脫這種狀態的方法是服務、幫助他人。在此過程中，我們會發現：「噢對，不是只有我一個人在受苦，我所受的折磨不過是某個更大整體的一小部分，而我可以付出貢獻來減輕這份痛苦。」當我們在心中認知到這一點時，可以讓焦點回到內心，透過更正面、更健全的觀點來看待自己和未來的可能性。這就像一種內在的柔術，我們需要放下自己，藉由服務他人來從不同觀點看待世界，再透過觀察他人因爲我們的服務發生了何種變化，從而使自己改變，並反思內在批評者所造成的箝制。這個過程伴隨著動態的節奏，類似吸氣與呼氣的循環，使我們得以在這個矛盾中收放自如。這不是線性的過程，而是不斷來回往復的運動。

小時候，父親送了我一副棒球手套，這也是少數他送給我、我還保留至今的禮物。我還記得剛拿到的時候，手套又硬又難戴，一點都不合手。當我們初次接觸某個意圖時，往往也會有這種感覺：不太舒服，偏偏我們的內心或外在環境硬要強加給我們。隨著我戴著這副手套不斷接球，與它逐漸磨合，手套也開始軟化、伸展，慢慢變得貼合我的手型。就像這樣，顯化是我用來替人生這張皮革塑型的過程，直到它和我的手型無縫貼合、直到它像第二層皮膚一樣自然爲止。我希望人生的外在與內在能夠完美契合。

隨機應變

當我們意識到自己的目標越大、變數越多，實現目標要跨越的門檻也越多時，顯化的過程便會伴隨著謙遜的態度。想要降低體溫、減緩心率，甚至是治療身上的疾病，只需要跨越自己身體內的門檻即可，但有些結果需要來自他人的幫助，還會涉及各種無法掌控的因素。

在回顧過去的成功時，常會發現必須先湊齊許多不同要素，才能夠實現目標，金凱瑞也不例外。即使他早已將自己驚人且深受歡迎的喜劇形象推上新的巔峰，卻還是得仰賴無數其他要素才得以成功。當金凱瑞在電視劇《活色生香》（***In Living Color***）中嶄露頭角時，摩根克里克影業在九〇年代初期的董事長詹姆斯．羅賓森，恰巧想要打造新型態的喜劇，讓裡頭充滿誇張的舉動和孩子氣的無禮行徑，他說他的目標是「拍一部像我這種年齡無法理解的電影」。而《王牌威龍》原本鎖定的主角是主演《親愛的，我把孩子縮小了》（*Honey, I Shrunk the Kids*）的里克・莫拉尼斯，但他婉拒了邀約，於是羅賓森才將這個角色交給金凱瑞，而許多人都認爲這對公司而言是極大的冒險，不該將這部片交給尚未大紅大紫的演員。

當時參與的所有演員都沒料到，好萊塢的喜劇文化正在重塑，正好需要一位新星來引領潮流。金凱瑞的確努力又才華洋溢，但他也只是娛樂產業整體趨勢的一部分，是他所置身和奉獻的環境造就了他。正如金凱瑞後來說的：「**你的工作不是搞清楚這件事要怎麼發生，而是打開你腦中的那扇門。**而當那扇門在現實中打開時，只管走過去就好。就算錯過了也別擔心，因爲總是會有門開著。它們會**一直打開**。」

迎接多元化的機會

有幾種策略能幫我們不再執著於特定的成果。首先，不該把所有雞蛋都放在同一個籃子裡；再者，意圖應該與**比自我更宏大的事物**接軌。

此刻，我正與朋友和同事合作多項計畫，其中部分反映了我在史丹佛大學慈悲與利他研究暨教學中心進行的研究，以及我所開發的其他專案，包括一部電影、一部兒童動畫影集，還有一檔節目，主題是介紹爲全世界悉心奉獻的人物。除此之外，我手邊還有幾個目標正在努力，包括早在二〇一二年就構思的「世界憐憫節」、我從二〇一三年就開始提倡的憐憫國家指數，以及在二〇一八年提出概念的國際憐憫工作團——這支團隊類似於美國和平工作團，旨在讓來自任何國家的人都有機會奉獻一己之力，已經有許多人投身於這項願景，包括來自全球各國的諸多思想家、領袖、教育家、社運家、企業家，以及致力於在全球推廣悲憫行爲的組織。

雖然經過許多年，很多計畫都已經獲得成果，但我並不確定其他計畫能不能實現，或是何時可以實現。許多我追求的項目都未能實現，有些是部分實現，還有些是經過很長的時間才得以實現。當把一切寄託在單一的成果上，難免會爲了實現成果而給自己巨大的壓力，並且很難不執著於自己期望的結果。請記住，對結果的執著就是另一種形式的恐懼，正如先前提到的，恐懼會對自主性造成最嚴重的干擾。意識到自己太過執著於結果時，可以透過放鬆練習來恢復平衡。接受自己的恐懼並加以處理時，就能走上正確的道路，自然而然變得有耐心又平常心。這份耐心屬於接納的一環，可以把自己和內心的執著分開來，而執著恰恰是許多人痛苦的根源。

在過程中，我會將顯化意圖的練習套用在每個計畫的變數上，想像成功的景象、掃描機會、盡力而爲，並努力記得：**即便結果不如預期，我也可以接受。**當一扇門關上時，我會尋找另一扇打開的門。我無法決定目標會怎麼實現，只能發揮內在的力量，期望能獲得最好的成果。失去方向時，我會重新與內在羅盤建立連結，讓它指引我踏出下一步。我發現這個過程非常有安撫效果，也觀察到它是如何減少我的恐懼與焦慮。

許多想法和意圖也許需要多年才能實現，但我們必須要有耐心，並接受這個過程的本質就是如此。我相信，我在人生中碰上的機運，很多都是因爲我的意圖和更爲宏大的渴望接軌，也就是希望爲世界帶來正面的貢獻。在人生的這個階段，我大部分的努力都是爲了實現「慈悲／憐憫」這個核心價値，這也是這個世界迫切需要的關懷情感。我的努力不僅是爲了造福我詹姆斯．多堤、我的家庭，甚至是我的人際圈，而我很幸運，因爲我遇見許多自願和我一起踏上旅程的人。

但話說回來，牽涉到他人時，發生變數的機率其實也大爲增加，因此儘管他人的協助能幫助我們朝想要的結果前進，但過程中也會伴隨更多的不確定性。和所有人一樣，我也很容易受到自尊心的影響，使我對自我身分的認知變得膨脹，並無可避免地迷失方向。有些時候，我會對事情的進展極度不耐煩和焦慮，並爲了自己沒有做到哪些事情而自責；也有些時候，事情沒有朝我希望的方向發展，我會因此生氣。當我感到失望、挫折，或是聽見自己的失敗落人口實時，我會**練習敞開內心並原諒自己**。我和你一樣只是個普通人，但是當我能夠保持平衡的心態，就會有足夠的能量繼續前行，也會更容易放下。

幾年前，我在杜蘭大學的「白袍典禮」上準備爲醫學院新生發表演說。我希望留給學生一生受用的內容，能夠隨時幫助他們打開心扉，於是開始回顧和露絲的對話，也因此創造出一套運用十個英文字母的記憶法。過去的我曾經只想著物質層面的目標，然而此時我列出的是有助於敞開心扉的十件事：慈悲／憐憫（**Compassion**）、尊嚴（**Dignity**）、平常心（**Equanimity**）、寬容（**Forgiveness**）、感恩（**Gratitude**）、謙遜（**Humility**）、正直（**Integrity**）、正義感（**Justice**）、善念（**Kindness**）和愛（**Love**）。對我而言，這些是幫助我銘記人生核心價值的事物。正如我在《你的心，是最強大的魔法》中所說的，我稱之爲「心的字母表」。後來，我每天都會坐在床邊，一遍又一遍緩慢地吸氣和吐氣，接著我會想想，身在這美妙無比的世界中所體驗到的喜悅與敬畏之情。這樣靜坐了幾分鐘後，我便會逐字回想「心的字母表」，並定下這一整天的心情基調。當我感到沮喪或無力招架時，我會停下來、深呼吸，接著把心思專注在其中一個詞和它所代表的意義上，這樣可以讓我恢復平靜，並重新設定意圖。而在這趟旅程中，有兩個詞特別令人獲益良多：**感恩**與**平常心**。

感恩的饋贈

若發現自己對特定結果過於執著，可能會注意到自己無法看見眼前的美好事物。或許很多意圖已經開始實現，但我們卻未能認知，因爲它們並不符合我們確切的期望，又或者我們的心思都只專注在尚未實現的目標上。培養感恩的心是簡單又有效的方法，可以將焦點從自己尚未擁有的，轉向人生中正在發生、美麗又充滿能量的事物上。而且，感恩不只是熱愛正向思考的人所推崇的溫暖感受，更能夠引發大腦中一系列實際的變化，有助於身心健康。

許多研究發現，經常有意識心懷感恩的人往往會更快樂、更健康，而且更有韌性，即便是面對情緒困境的人也同樣有用。有項關於感恩的研究，找來了將近三百位在學校尋求心理健康輔導的大學生，評估時常心懷感恩對他們會造成什麼影響。這些學生在第一次接受輔導前就參與實驗，其中有許多人正受憂鬱和焦慮所苦，因此在臨床上的心理健康狀態處於較低水平。受試者隨機分成三組。三組人馬都接受心理輔導，但第一組收到額外指示：每週寫一封信，感謝曾經以某種方式幫助過自己的人，爲期三週。研究人員也鼓勵第二組寫下日常煩惱或難忘的負面經歷帶來哪些深刻的想法與感受。至於第三組則什麼都不用寫。

實驗過後四週，研究人員再次對寫下感謝信的學生進行評估，發現他們回報的心理健康狀態，明顯比寫下負面經歷或單純接受輔導的學生好得多。十二週後再次檢查，差異變得更加顯著。這種不斷提升的效益實際上並不尋常：許多其他研究顯示，像是使人心生愉悅的嗜好這類積極正面的活動，對心理健康的益處往往會隨著時間減少，然而針對感恩信的研究結果卻正好相反。即便只花短短幾分鐘寫信來表達感恩之情，也能帶來長久的益處。像**表達感恩**這麼簡單的做法，卻使學生接受心理治療後所獲得的助益更加顯著，效果也更持久。

輔導課程開始約三個月後，研究人員將部分參與研究的學生帶到實驗室，看看能否檢測到他們的大腦在處理資訊的方式上有任何變化。他們要學生進行「把愛傳下去」的任務，由一位扮演好心人士的「施惠者」定期提供一小筆錢，並指示學生將這筆錢轉交給另一個人，前提是收到這筆錢時必須懷著感恩的心。之後如果學生願意，可自行決定要將多少錢捐贈給值得支持的慈善事業。另外還會問他們，這些捐贈行爲是出於感恩、內疚還是責任感，以及他們整體心懷感恩的程度有多高。在過程中，研究人員會使用功能性磁振造影掃描儀測量學生的大腦活動。

結果顯示，寫下感恩信的學生在產生感恩之情時，大腦的內側前額葉皮質的活躍度會增強，這個區域和道德與社交認知、獎勵、同理心及價值判斷有關。研究人員因此做出結論：**感恩的情緒能讓個體感覺被支持，並產生想幫助他人的渴望，同時還能減輕壓力。**

這項發現之所以震驚各界，有幾個原因。首先，掃描儀檢測是在開始寫感恩信的三個月後才進行，表示這個簡單的練習可能對大腦產生了長久的影響。更重要的是，這項發現顯示練習感恩能讓大腦對這種情緒變得敏感，使大腦未來遇上合適的契機時，將格外留意能激發感恩的可能性，讓我們更容易體驗到這種情感。這意味著，我們正在訓練大腦減少關注怨恨、嫉妒這類痛苦情緒，藉此**避免反芻過去的失敗經歷**。長期對感恩之情變得敏感能帶來各種益處，包括心理上的保護作用。另一項針對青少年群體的研究發現，感恩的情緒與受到霸凌所導致的被害感和自殺風險呈現負相關。心懷感恩時那種受到支持的感覺，能在面對逆境時帶來力量，使我們在過程中受到幫助的體驗變得更加美好。

有時需要練習對生活中美好事物的敏感度，才能察覺美好事物的存在。正如先前提過的，負面偏見會令人對正面事物視而不見，即便在生活中遇上也可能無法察覺，或將其視爲理所當然，這在最親密的人際關係中特別明顯。若追尋看似偉大的目標，或正一頭熱地追逐夢想，可能會忽略一路走來默默支持我們的人。敞開心胸接納心的魔法時，也許能從新的角度看待以往熟悉的一切。心懷感恩的效果非常強大，因爲我們必須看見自己如何受到他人的支持與肯定。有研究人員認爲，感恩在社交層面的意義尤其重要，並稱之爲「強化人際關係的情緒」。有些研究甚至將感恩的起源追溯至靈長類祖先，認爲這種情緒源自相同物種群體間的互助與回報，藉此使成員之間的羈絆逐漸增強。

感恩蘊含社會性的本質，能提醒我們生活中的美好源自外界，讓自身意圖融入廣闊的社交網路，與其他同樣追隨美好願景的人連結。無論走到哪一步，只要察覺所受到的餽贈並抱以感激，就會自然而然激勵自己回報恩情，或尋找機會把善意傳遞出去，進而幫助他人迎接生命中的魔法。

平常心

每個人都會面臨的一大挑戰，就是在人生的潮起潮落中**活在當下**，或者至少盡可能如此。無論一個人有多擅長冥想或其他技巧，依然會本能地盡可能降低痛苦、提高愉悅。過去我對這方面的理解一直難以通透，至今仍在努力克服。對許多人而言，沒什麼比受人讚譽、獲得認可或達成目標的感覺更棒了。事實上，有個術語叫作「完成偏誤」，是指腦中釋放的多巴胺會刺激大腦的獎勵中樞，因此會有強烈的動力想要達成任務。然而這種誘因機制的缺點在於：當無法完成任務時，內在的自我批判聲會變得更加響亮，導致不斷反芻失敗，陷入焦慮和痛苦，還會進一步妨礙專注於意圖的能力，甚至無法有效顯化。

所謂的平常心，是指在生活中無論遭遇順境或逆境，縱使所求無所得，抑或所得非所求，都可以維持**情緒穩定**。這種心理素質，能讓人心如止水地看待所有令人愉快、不悅或無關緊要的經驗與事物。

從神經科學的角度而言，平常心關乎**如何感知與詮釋自身體驗中的重大轉變**；就實際層面來說，它能讓我們專心追求目標，心情不至於受到細枝末節的變化所左右。我們會隨順人生經歷，避免過度執著於期望。

就本質而言，平常心是對無常的領悟。沉浸於成就帶來的榮耀，讓多巴胺從大腦的獎勵中樞噴發，這種感受雖然美妙，卻無法持續太久，而且往往會讓人陷入沮喪。一心執著於正面的結果，也會無法活在當下，因爲滿腦子只想著要完成目標、獲得下一份獎勵，藉此再次感到愉快。偏偏人生必然會伴隨著失望，當太過執著於自認爲的失敗時，內心的反芻將進一步加深挫敗感，甚至導致憂鬱和更深層的痛苦。

在欣賞和享受成就與伴隨而來的感受時，也必須明白這些都只是短暫的感受。就像對大多數人而言，失望或覺得自己失敗時所產生的感受也是短暫的。因此，保持穩定的情緒至關重要。在成就與失望之間，必須選擇抱持平常心。平常心體現出平衡、無反應的心境。擁有平常心，才能擁抱自由，擺脫執著，釋放心的魔法。

一般而言，之所以會情緒化，是由於發生了被認定是負面的事件，從而引發一連串反應：想推開負面事物，或是想緊抓住較爲正面的事物。問題在於，這些後續反應會激起更多類似的反應，並進一步帶來令人感到痛苦的根源，可想而知會形成一種惡性循環。然而事實證明，若有意識地切斷這些反應的根源，阻止它們和我們的體驗糾纏不清，就能避免整體的連鎖反應。

一組研究人員檢視由長期冥想者和初學者所回報的資料，分析兩者在面對不愉快體驗時感受到的痛苦程度。神經成像顯示，在冥想狀態下，痛苦所帶來的不愉快感會減低，伴隨大腦感官區域（後腦島／次級體感覺皮質）的活躍度提升，以及負責執行控制的區域（外側前額葉皮質）活躍度下降。這代表經驗豐富的冥想者不像初學者那樣抗拒痛苦，因此，痛苦對他們來說明顯不那麼令人不快。

另一些研究也有類似的發現：研究人員明確告知經驗豐富的冥想者，在承受由熱刺激所引起的痛苦時不要冥想，結果顯示，這些經驗老到的冥想者**對痛苦的敏感度較低**，而大腦負責處理痛苦的主要區域活躍度增強了。這代表他們在感官層面上更深入感受著自己的體驗，**在心理上的抗拒程度卻下降許多**。我們可以將平常心當作在練習平衡與重新調整面對壓力事件時的生理和情緒反應：對於不愉快體驗能保持心平氣和的人，事後可以恢復得更快，並重拾體內穩態。

平常心是追求艱難目標的關鍵技能，可以使我們全心專注在任務上，放下對結果的執著。這是一種人生態度，讓我們能透過開放的心態充分感受自身體驗，而當事情的發展不如預期時，也能以更輕鬆、接納的心態來面對。最重要的是，平常心讓人更能自我寬恕，並透過更開闊的視角，替所謂的「錯誤」打造新的框架，將之視為必然遭遇的阻礙，並教育自己下次做事的方法最好改一改。

金色裂痕：擁抱不完美

日本有個十五世紀流傳下來的故事，講述幕府將軍足利義政擁有一套來自中國的陶瓷茶碗，僅限於正式茶道場合才能使用。其中一個茶碗損壞時，將軍把它送回中國修復，然而送回來時，卻是用醜陋的金屬釘子來接合裂痕，像極了經過粗糙手術後未能妥善縫合的傷口。

失望之餘，將軍請來一位日本工匠，要求使用更具美感的方法來修復珍貴的茶碗。在這個傳說中，這位工匠運用了一項由來已久的手藝，使用漆（樹汁製成的天然樹脂）來黏合破損的茶碗，並加以改良，在裡頭混入金粉——這便是修復工藝「金繼」的起源。

金繼並不會試圖掩蓋先前的損傷，反而接納了原先的裂痕，更進一步突顯它的存在，令人得以欣賞物品過去的歷史與傷疤，並將其視爲美感的一部分。原本差點被丟掉的東西，搖身一變成爲更加強大又獨一無二的藝術品。

無論傳說是否屬實，金繼帶來深刻的啓發，教導我們如何透過新的框架看待所謂的「錯誤」，以及人生中無可避免的打擊、損傷與裂痕。金繼是日本哲學傳統的一部分，另外還包括「侘寂」。這項哲學的實踐，是有意識地珍視物品的使用痕跡，藉此擁抱缺陷與不完美。侘寂的核心精神在於謙遜的理解和體認，接受自己是不圓滿、短暫且受限於時間的存在。這是人類存在的本質，否認這種本質會帶來更多的痛苦。當一個人接受這樣的現實，就能夠無所畏懼地向前邁進。

生命的本質有時會使我們破碎，然而，正是這種破碎與修復的本質定義了我們——這樣的認知完美體現在金繼工藝上。傷痕定義了人性：我們都是脆弱、易碎的人類，在某種程度上，每一個人都在掙扎，並認爲其他人的痛苦都比不上自己。然而，可以爲傷痕感到自豪，但不必覺得自己不夠好或是因而羞愧，也用不著隱藏傷疤。它們刻劃在我們的肉體上、在我們的心裡，是韌性最活生生的證明。與自己的不完美和諧共處，等於是在邀請別人接納他們的傷痕、卸下僞裝，彼此連結。這就是**勇於接納和放手的力量**，也是**每個人心中都擁有的超能力**。

就某種意義而言，應該要感謝傷痕，讓我們得以看見自己所有的潛力——正是因爲傷痕的存在，才有金子的耀眼璀璨。我曾經獲得自以爲想要的一切，後來又落得全盤皆輸，這番經歷帶給我的覺悟，猶如一條金線耀眼地貫穿我的人生，讓我得以珍惜今天所擁有的一切。

當我們認爲手上的容器已經破裂，除了丟棄沒有其他辦法時，可以轉而練習接納，因爲想要過著完美無瑕的人生並不現實，也缺乏憐憫的胸懷。接納，意味著把一隻腳放在另一隻腳前面，一步一步慢慢走向未知的未來。藉由寬恕自我，放下無力控制的事物與在過程中犯下的錯誤，我的心智不再屈服於恐懼與憤怒，並讓內在羅盤再次成爲指引，相信它會帶我走向我需要去的地方。

練習：放下期待，迎接魔法

1. 做好準備

①騰出一段時間，確保不會受到打擾。

②找個舒適的姿勢。

2.快速掃描身體

①閉上眼睛，或是將目光輕輕看向前方。

②用鼻子緩慢吸氣、用嘴緩慢吐氣，重複五至六次。呼吸過程自然而不強迫，也不需要刻意專注。

③花幾分鐘放鬆身體，從腳趾開始一路往上放鬆到頭頂。

3.回想追求某個目標的過程

①思考一個你非常想要達成的目標，以及你是如何把注意力聚焦在這個目標本身，而不是實現目標的過程。認識到這個現實如何影響你與心愛之人或同事共度當下的方式，這種聚焦又如何將你從當下時刻抽離開來。

②留意當你執著於某個結果時，身體有什麼感覺。你的感覺出現在哪裡？是喉嚨緊繃、心口收縮，或是拳頭握緊？留意這樣的執著讓你有什麼不適。

③想想你在完成目標後感覺有多美好、心情多麼興高采烈、多麼開心。明白那些感覺都是短暫的，最後你還是回到現實中繼續生活。想想你多常渴望再次擁有那些感覺、那份興奮之情。

④靜靜坐著，明白自己無法隨時擁抱那些感覺，或是處於「心流」狀態。最重要的是，明白這樣並沒有關係。無論如何，你都過得很好。

4.回想某個難題

①接下來相反地，思考當你在追求某個目標時，意識到出於某種原因而無法達成的時刻。留意你的身體出現什麼感覺。許多人會感到心力交瘁，所有負面的自我批判似乎都被證實，感覺自己像是個冒牌者、覺得自己不配成功。他們陷入這種情境，不斷反芻人生中遭遇過的其他失敗。這種情況彷彿會永遠持續下去，而這讓自認爲沒有價值的感受加劇。

②然而，此時發生了兩件事。首先，你意識到這個目標並沒有想像中重要，而且就算沒有成功，也不會導致世界末日。事實上，日後回想起來，這些處境帶來最深刻的體悟與最崇高的智慧，正是這些饋贈造就了今日的我們。

③最重要的是，實際上，在幾乎所有情況下，這些經歷都是暫時的。同樣地，面對未能達成目標的事實，你可以坦然接受，而且你的核心本質一點也沒有改變，意味著你值得被愛、被接納。這就是心境平和的力量，也就是所謂的平常心。

5.反思大局

①再次專注於呼吸，緩慢地吸氣、吐氣，同時明白自己可以放下對目標的執著。人生的重點不在於抵達目的地，而在於努力生活、活在當下並避免執著。你的苦難大多源自執著。了解這個事實，能讓你從折磨中解脫。這並不是要否定以往的人生經歷，而是要能夠抽離、綜觀全局。練習抱持平常心，才能造就平衡與接納。

6.自我憐憫

①現在溫柔地對自己敞開心扉。你可以想一個在生命中給予你無條件的愛，讓你感到徹底被接納的人，或是去感覺心臟周圍充滿溫暖與被關愛的感受。靜靜坐著，感受那份關愛與接納，同時緩慢地吸氣、吐氣。

②溫和地引導那份愛與關懷的感受，轉向你因爲執著於特定結果所帶來的緊繃感。記住，渴望獲得想要的事物、覺得需要掌控全局或達成目標以換來安全感，都是相當自然的。

③在你回想被關懷、被保護與被愛的感受時，留意這些感受是如何出現並持續存在，而且無論在你面對順境或逆境時都不離不棄。這些感受訴說的對

象是你的本質，那個在所有不完美、複雜性和人性中的你。

④靜靜坐著，沉浸在這樣的感受中：無論成功或失敗，你都值得被愛，你很好。你是脆弱、易碎的人類，你盡力了。同時也要知曉，對於和你親近的人而言，他們愛的是眞正的你。無論發生什麼事，都無法撼動你的本質。

7.放下執念

①在你臣服於受到關懷的感受時，留意你對特定結果的執著是不是有所鬆動，使你承受的負擔減輕。你能不能讓自己對安好、價值和安全的看法不再被走上單行道的外在環境綁架？有沒有一種更深層次的安好能夠盈滿你的人生，無論結果如何都不動搖？

②體認到成功或失敗都只是暫時的結果，使你得以擺脫成敗的牢籠。

③現在繼續緩慢呼吸一陣子，感覺平常心與活在當下的驚人力量。

8.在潛意識中植入正面感受

①花幾分鐘沉浸在這些正面感受中。執著和掌控欲可能會再次出現。沒關係，只要不斷回想受到無條件關愛與呵護的感覺即可。

②在結束這次練習、逐漸回歸日常生活時，留意原先的執著有沒有以任何方式減輕或發生變化。或許你現在觸及了一種嶄新、富有創意且以往從未發

現過的可能；或許利害關係不像先前以爲的那麼重大；或許你現在能稍微安心點，讓事情順其自然地發展，抱持平常心來迎接它們的魔法。

結語
回家的路

星期五晚上，我開在綠樹成蔭的車道上，回到位於加州洛斯阿圖斯山丘的家。儘管只是靠近自己的住居，我已開始沉浸在溫暖、安全與寧靜的感受中。我望向熟悉的景色，還有在家迎接我的妻兒，內心與腦海中長久以來想像的畫面產生共鳴，我知道這就是我的歸宿。

我過去住的豪宅，花園早已荒廢枯萎，而如今我的周遭圍繞著盎然生機，櫻桃樹、三種蘋果樹、桃樹、橄欖樹、梨樹、檸檬樹和一棵柳橙樹，全都開滿花朵、結實纍纍。房子前方的一側佇立著三棵來自遠方的波斯鐵木，獨特的形狀和色彩是我當初引進的原因。我也看上了前院那棵橡樹，還遠從聖地牙哥移植過來，成爲家中的一分子，那時它才十呎高，現在已超過二十五呎，和波斯鐵木一樣在我家開枝散葉。當我走向前門，泉水從古老的石縫流進屋旁的小池塘，傳來撫慰人心的水聲，我知道可以徹底放鬆了——我很安全。我幾乎每天都會經過雞舍、蜂箱，還有我替兒子們打造的高腳樹屋。

樹屋緊鄰蓊鬱的樹林，一條溜索從屋頂延伸出去，橫跨整片後院。

我的心靈路標

我端詳著這美麗的房舍，當代亞洲風格的設計，源自我在旅行和閱讀時獲得的靈感，營造出寧靜舒適的氛圍。這棟房子也由我親手設計，在尚未建成之前就不斷勾勒它的細節。我最初構想房子時，早就想過屋裡會有個引人注目的藝術傑作，視覺效果從玄關一路延伸到泳池外。如今，我眼前是一尊當代鑄造的青銅無頭佛像，手上還拿著一顆柿子。我在達賴喇嘛基金會的拍賣會上買下了這尊佛像，它就這麼端坐著，靜靜守護我家的後院。

事實上，堅持到底是日復一日的奮鬥。我明白自己需要諸多幫助，讓我能夠傾聽內在羅盤的指引，不再迷失方向，所以在家裡設置了許多「路標」。那尊青銅無頭佛像提醒我，**不要在腦袋中迷失**，而是要**隨時回歸內心**。佛像手中的柿子同樣寓意深遠：柿子尚未成熟時又澀又硬，但只要**耐心等待**，終究會成熟，變得又軟又甜。這幅景象能夠啓發我，讓我接納自身頑固、反骨與困頓的部分，並悉心呵護，直至這部分的我變得柔和，最終顯現出溫潤的一面。當然，我偶爾還是會偏離軌道、忘記傾聽內心的聲音，甚至做出自私的舉動，但現在我知道自己可以回到愛與寬恕之中，我可以**原諒自己**。

我望向包覆房屋地基的美麗石牆，當中用上了來自世界各地的五種花崗岩，透過技藝高超的石匠之手切割成方形與長方形，堆砌成特定的色彩紋路。從我在哥哥的藏寶堆中發現《建築文摘》開始，我就成了忠實讀者，而這片花崗岩色彩斑斕的模樣正是取自書上的靈感。我把那幅圖片刻進腦海中，教導我的潛意識想方設法將之化爲現實。

我從前居住的豪宅既冰冷又空曠，缺乏明亮與歡樂，我如今的住所才眞正稱得上「家」。我的岳父母是俄羅斯移民，安排在客房與我們同住（儘管他們常常無聲無息地出現，而且還是在我只穿著內衣的時候）。儘管我從來沒見過祖父母，我的孩子卻打從出生以來就過著三代同堂的生活。現在，我那位曾在喬治亞管理電力系統的工程師岳父，負責教我的大兒子寫物理作業，我岳母則幫忙輔導高等數學。我小時候對這兩科一點辦法也沒有，因爲當時沒人可以教我。我知道我們今晚會在戶外涼亭裡，坐在燒烤架和披薩烤爐旁一同享用晚餐，珍惜相處的時光，我兒子說不定還會充當今晚的披薩大廚。晚餐過後，也許會玩我們最喜歡的「傳情畫意」，這是個類似「傳話遊戲」的圖像遊戲，原本的圖畫會在過程中出現滑稽又意想不到的轉變。我的女兒與女婿也時常前來共進晚餐。在這些美好時刻中，我們總是一同歡笑，享受彼此與周遭一切事物的陪伴，而我也會沉浸在喜悅裡，因爲我夢想中充滿愛與溫暖的家庭生活終於化爲現實。

我的書房擺著一張裱框相片，裡面有我、哥哥、姊姊和父母，大家一起坐在沙發上。這是我僅存的兩張小時候的照片之一。照片裡除了我以外的每個人都已經不在了，然而，我覺得自己終於能為全家人帶來渴望已久的家，就像金凱瑞將那張一千萬美元支票和父親一同埋葬的感覺。當我看著這張照片，總會想起自己從何而來、想起家人對彼此的愛，也會想起我們雖然曾試圖表達心中的愛，卻受限於環境而無法如願。臥室外的牆上掛著一幅以褐色為基調的油畫，是我哥哥畫的，畫中有名男子靠在樹上吹著長笛，靜靜地眺望湖面。無論我怎麼將這幅畫擺正，總是會歪回同樣的角度——我也許是這世上最不迷信的人，但總覺得是哥哥故意把畫擺歪，藉此告訴我他一直與我同在。儘管我知道這個想法在某種層面上很荒謬，卻打從心底感到溫暖，並時刻提醒自己，心愛之人將永遠活在我們的回憶之中。

你的心，是最強大的魔法

先前的我在空蕩蕩的豪宅裡，孤零零地坐在人生的「殘骸」中，才領悟到，我曾經達成自己所認為的成功，但這份成功卻體現為一片空虛。我仍然背負著來自童年創傷的羞愧感，一直以來都是它在驅使我證明自己，好讓他人明白我值得；然而無論我做得再多都不夠，對我而言不夠，對他們而言也不夠。今天的我，爲了生命中的美好事物滿懷感恩。我慶幸獲得再次追求幸福的機會，也慶幸擁有工具，讓我能從過去的錯誤中學習，打造嶄新的人生。我仍然對於人生教導我的矛盾悖論感到震撼：**只有在相信自己夠好的時候，才有能力爲生命做出貢獻；但也只有在我們對世界有所貢獻時，才會發現自己原來一直都很棒。**我相信這正是露絲當年在魔術道具店試著教導我的道理，我花了一輩子才恍然大悟。

在我的人生中，我曾經透過無法解釋的方法體驗過顯化的力量。剛開始練習時，我把所有精力、注意力和心力都用來確保房租能如期支付，以避免被趕出公寓。在出乎意料的情況下，有位曾經拖欠我父親工資的男性來到我家門口，交給我一個塞滿錢的信封，裡頭的金額不僅足夠支付房租，甚至還有剩下的錢可以採買食物。我還記得當時感受到的激動和喜悅，我騎上腳踏車，用最快的速度衝去找露絲，熱淚盈眶地和她分享這個好消息。那是我初次體會到顯化眞正的力量。從神經科學的角度，我說不上來自己是如何影響眼前的處境，但我所感受到的驚奇爲我奠定了相信顯化的基礎。之後，我又經歷過無數次類似的體驗，也許這些體驗不符合科學邏輯，但仍然清楚展現了在內心和腦海中設定意圖所能造就的內在力量。

是時候打破錯誤的觀念，開始相信自身的可能性，以及我們內在所蘊藏的無與倫比的力量了——不單是個體的力量，集體的力量更是不容小覷。等待外在的力量來改變生命，只會分散注意力、消耗能量並打擊我們的精神。對許多人而言，這條路困難重重，可能得耗費不下數十年的時間，才能洞見「想要」和「需要」的差異。本書囊括的技巧就是我尋找答案時所走的路。當我再次望著那尊無頭佛像和它手中的柿子，便會想到要**跟隨自己的心**，同時也明白，曾經帶來痛苦的事物，都會隨著歲月轉變爲智慧與體悟。

放輕鬆，細細品味我人生中的美麗、豐盛與連結，我想起這個好消息：宇宙與你並未分離，因爲**你就是宇宙**，也唯有你才有能力幫助自己。**唯有你，才能駕馭自己內在的力量**。這，才是眞正的魔法。

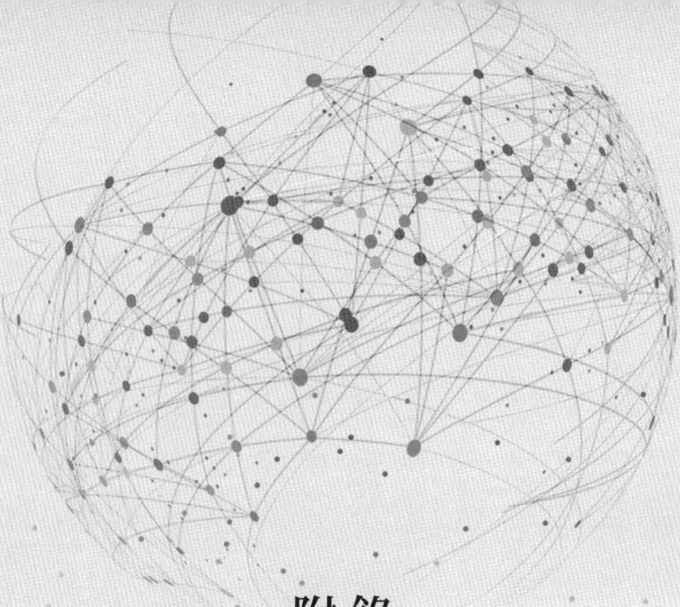

附錄

心的魔法

六週計畫，掌握顯化

正如引言中提到的，我在最後的〈附錄〉將本書內容集結成一套循序漸進的計畫，目的是逐步引導你展開顯化。我建議你在過程中準備一本**專用日誌**，用來記錄你的觀察、挫折、進展、疑慮與體悟。假如環境允許，你或許也能在家中劃分出一個房間或特定區域，方便自己能在寧靜、不受干擾的空間內探索這些技巧。你也可以張貼激勵自己的語錄、提醒你想起目標的圖像，甚至打造專屬於你的角落，幫助你集中心神並帶來鼓勵。或者是每天選擇一段特定時間，例如固定利用早上剛起床的時間練習，讓你的大腦更敏銳地回應這些練習。

如果你已經有冥想的習慣，很容易就能將我建議的技巧融入其中。你可以在靜坐時加入視覺化的練習，或是先冥想再進行書寫練習。如果你還沒有冥想的習慣，也有無數資源能幫助你養成習慣，包括許多免費的線上課程。冥想或沉思的練習並不是顯化的必要條件，不過兩者在許多方面可以融會貫通，從加強放鬆、保持思緒清晰、透過紀律提升自我價值，一直到抱持柔軟的心來面對挑戰，進而加深「無論發生任何事，一切都沒問題」的信念。

有些人可能會覺得，預先讀過整套計畫有助於對未來做好準備；有些人則比較喜歡專注於當下的步驟，不急於求進。無論哪種方式，我都建議循序漸進地實行這套計畫，畢竟每一步都是為了奠定下一步的基礎，按部就班地開啓新的可能，並鞏固邁向後續步驟的資源。倘若你在某個步驟遭遇困難，可以回到前一步，直到確實掌握要領為止，有利於你更自然地踏上後續步驟，不至於感到吃力。

開始練習時，如果覺得有點分心、猶豫，甚至害怕都是很正常的。最重要的是設定意圖來顯化你的願景，並開始養成練習的習慣，即使是從少量練習開始也沒關係。記得先前提過的，要踏著小步伐前進。

接下來的一個月，按照以下指引列出來的時間和長度來練習，逐漸養成習慣。不過你要知道，隨著技巧越來越熟練，你會自然而然找到更適合自己的方法，屆時便不必再墨守成規。

◆第一週

開始顯化意圖之前，建議你花點時間檢視現在的人生，或許裡頭有許多的不完美，又或者充滿了輝煌。抱持感激的心，因為在某種程度上，即使再不圓滿，你都已經透過某種形式顯化了意圖。你要明白自己現在擁有所需的工具與洞察力，也更有機會實現能改善自己與他人生活的事物。同時也要感謝，你現在已經明白自己擁有強大的內在力量，足以有意識地影響生活環境，甚至是最細枝末節的小事。透過清晰的視野看待你過去所創造的人生，也許會令你感到卑微或沮喪，但藉此你將獲得無比珍貴的訊息，在開始思考想顯化的事物時，無疑會是一大助力。相信自己可以從現在起開始變好。

練習：我已經顯化了什麼？

在這項練習中，邀請你透過清澈和憐憫的心來評估自己的現狀。這個階段的目的在於不帶評判的眼光，盡可能客觀看待目前的人生處境。隨著揭露正在顯化的人生面向，你將會發現自己也許在某些地方壓抑了內在的力量。別急著想立刻改變什麼，你現在要做的，就是提供自己友善且清晰的覺察。

1. 做好準備

①找個適合練習的時間和場所，確保不會受到打擾。

②別在壓力大、有其他事情分心、二十四小時內曾經飲酒或使用娛樂性藥物，或是疲累的時候進行練習。

③手邊準備一疊紙張和一枝筆。

2.開始放鬆

①以輕鬆的姿勢坐著，閉上雙眼幾分鐘，讓思緒平靜下來。

②坐直並持續閉上雙眼，用鼻孔緩慢吸氣，再用嘴緩慢吐氣，以這種方式呼吸三次。重複相同呼吸方式直到覺得舒適且自然。

③現在從腳趾開始放鬆全身肌肉，由下一路往上放鬆到頭頂，並在專注放鬆身體的同時感覺越來越輕鬆、越來越平靜。在此過程中，你會發現有股平靜感包覆著你，讓你感到安穩無比。隨著繼續緩慢吸氣和吐氣，你不再擔心別人會評判你、批評你的夢想和志向。

④持續緩慢吸氣、吐氣，感覺全身舒適，徹底放鬆。

3.觀想你的人生（視覺化）

①現在溫和地喚起過往的人生重點：你主要的人際關係是什麼？你的工作是什麼？在哪裡生活？留意在思考這些問題時油然而生的情緒。不要刻意停留在某一幅景象或念頭上，只要略爲思索，是哪些重要元素使你的人生走到今天的模樣。持續幾分鐘。

②允許任何情緒自然浮現並流過內心。你也許會注意到各式各樣的感受：歡喜、滿足、悲傷、挫折、乏味、憤怒。接納這些情感，接納你人生中的各

種細節，讓此過程多持續幾分鐘。

4.更全面性地視覺化

①繼續瀏覽你的人生圖像。你可以反思這些問題：對你來說，誰是重要的人？你在乎誰？你覺得和他們有真正的羈絆嗎？你的工作是什麼？能否滿足你的生活所需？如果有其他人需要依靠你，你的工作能否滿足他們的需求？你每天花時間做的事情，是否對你有意義並令你感到滿足？你對自己生活的地方有什麼想法？在這些地方時有什麼感覺？

②觀想你在自己人生中的樣子，留意內心浮現的景象。用內心的眼睛審視你的人生。在緩慢吸氣、吐氣的同時，試著想像每一個細節。持續緩慢地呼吸。

③現在你可以看見所有的細節，慢慢睜開眼睛並繼續緩慢呼吸，慢慢吸氣、吐氣。你覺得放鬆又平靜。

5.將你的觀察記錄下來

①拿起紙筆，用至少五分鐘的時間，把你在觀想人生時所看到和感覺到的一切，以自己的話寫下來。寫得越鉅細靡遺越好。要寫成幾個句子或一整段話都可以，重要的是寫下自己眼中的人生，寫下你對人生的感受。

②現在閉上雙眼單純地坐著，用鼻孔吸氣、用嘴吐氣，緩慢呼吸三到五次，接著睜開雙眼。

6.回顧你寫下的內容

①首先，在心中默唸自己寫下的字。

②接著大聲讀出自己寫的內容。

③閉上眼睛，花幾分鐘靜靜坐著，回想自己的人生圖像。

7.反思你的人生

①接下來，花點時間反思一下，你的選擇爲當下的人生帶來了什麼。哪些是你出於自我意識的抉擇？哪些是你允許別人替你做出的決定，或是你單純選擇了比較輕鬆的路？

②倘若你的人生不是期望或想像中的樣子，你在促成這種結果的過程中扮演什麼角色？不需要爲造成今天的人生感到害怕或自責。這項練習的目的單純只是爲了探尋事實。也許感覺不太像，但你其實已經踏出了第一步，並且終將重拾內在力量，開始塑造自己的人生。

8.體察你的練習成果

①感受眞誠審視自己的人生所帶來的力量和掌握感。你的人生已經開始轉變。

你有什麼發現嗎？在反思人生的時候，有沒有哪些方面的事激起你強烈的情感？如果有讓你感到痛苦的事，也許你該將它當作顯化的焦點；如果有回想時感到溫暖和喜悅的事，請你時常有意識地回想這些畫面並心懷感恩，因爲這些情感能成爲你的強大助力。

在推進這項計畫的同時，務必保留你在這項練習中寫下的筆記。無論是好是壞，你現在的人生都將成爲起點，你所渴望實現的嶄新人生就由此展開。你可以把寫下的內容讀給信任的朋友或導師聽，聊聊這些發現讓你有什麼樣的感覺。這將賦予你責任感，也能讓你在面對抗拒、恐懼和疑慮時獲得外界的支持。到了計畫的尾聲，你可能會對自己的改變感到驚訝，而這項練習的成果也將成爲可靠的指標，讓你發現自己的進步有多大。

你已經準備好踏出第一步了。

第一步：重拾集中注意力的力量

第一步的重點在於取得你的內在力量，這股力量的強大遠遠超乎你的認知。許多人都相信，有個外在的力量或超自然的存在控制著自己的人生，因而使自己的力量受限。還有許多人不斷責怪自己，認爲自己甚至連個簡單的工作都辦不好。第一步就是要擺脫這種信念，並且明白即使是微小的行動，也能開始重新改造你的大腦，創造出足以帶來長期改變的習慣。

如果你感到有壓力或是無法集中精神，務必將身體狀態從「戰鬥、逃跑或僵住」模式轉換爲「休息與消化」模式，最有效的方法就是有意識地放鬆身體。

練習：放鬆身體

1. 做好準備

①找個適合練習的時間和場所，確保不會受到打擾。

2. 調整姿勢

①這項練習可以站著、坐著或躺著進行。在開始前先調整好舒服的姿勢，讓自己感到放鬆的同時，又可以保持清醒和穩定，才能及時覺察自己的體驗。

②脊椎打直，讓肩膀自然落下。理想的姿勢是能讓你感受到輕鬆的自信和溫和的力量。

3. 開始靜下心來

①閉上眼睛，或是微微看著面前幾十公分左右的一個點。把注意力導向體內。

②開始感覺身體有哪些部位和支撐身體的平面接觸。讓重力把你拉向地面，感覺地面向上頂住你的腳。留意身體出現明顯緊繃的部位，用意識溫和地感覺它們。

③用鼻子深深吸氣三次，再用嘴緩慢吐氣，吐氣時發出明顯的嘆息聲也沒關係。重複這種方式的深呼吸，直到覺得舒適且自然。

④感覺呼吸變得自然後，特別留意你的坐姿或臥姿，並想像你正看著自己擺出這種姿勢。

4. 開始掃描身體

①現在專注在你的腳趾上，讓腳趾放鬆，將所有緊繃感都釋放掉。接著專注在腳部，放鬆裡頭每一條微小的肌肉。在你繼續吸氣、吐氣的同時，想像腳上的肌肉幾乎像融化一樣。全神貫注在你的腳趾和腳部。

②當你開始後，思緒會自然而然地神遊，讓你分心。別擔心，這很正常。當你發現心思飄走時，只要重新開始就好，讓注意力回到腳趾和腳部的肌肉上，好好放鬆。

5. 繼續掃描身體

①等到你徹底放鬆腳趾和腳部，感覺到它們變得柔軟、輕盈又輕鬆後，就開始向上延伸，專注在小腿和大腿上。感覺腿部較大塊的肌肉並加以放鬆，直到你在吸氣、吐氣的同時感覺它們幾乎像融化一樣。

②對你的腹部和胸部肌肉重複相同流程。

③接下來專注在你的脊椎，由下而上放鬆背部所有肌肉，一直延伸到肩膀和頸部。別忘了，目標是讓肌肉同時變得放鬆又敏銳。假如有任何部位傳來明顯或加劇的緊繃感，可以試著把氣息傳送到這些部位上，讓它們放鬆並釋放緊繃。

④最後，專注在臉部和頭皮上的肌肉，讓它們放鬆並變得輕盈，釋放原先積聚的壓力。

6.覺察自己的放鬆

①隨著你把放鬆感拓展到全身上下，會發現有股平靜感蔓延到全身。留意體內這股平靜感如何安撫你的心。留意身心平靜下來後爲你帶來的愉悅和美好感受。

②此時，你可能會有點想睡，甚至不小心睡著，沒關係。你或許會再次感覺到緊繃，難以重新感受到平靜，這也沒關係。也許要嘗試好幾次，才能夠在全身徹底放鬆的同時保持敏銳。要有耐心，善待自己，每次嘗試時都要記得這一點，畢竟你正在改造你的神經系統，教導它如何體驗平靜與調節的狀態。

③等你終於讓全身徹底放鬆後，開始專注在你的心臟。把心臟想成你在慢慢深呼吸時所放鬆的肌肉。你也許會發現，在你身體放鬆、呼吸減慢的同時，心跳也跟著慢了下來。

7.深化放鬆

①現在想像你的身體處於完全放鬆的狀態。在緩慢吸氣、吐氣的同時，看看

你能否意識到一種只是「存在」的感覺：什麼也不做、哪裡也不去、誰都不是。你有沒有感到一股溫暖、靜止，或是滿足的感覺？你可能會覺得自己像是浮在空中，被一陣平靜感籠罩。

②運用你的意念吸收愉悅和寧靜的感受，把它們植入神經系統，方便未來回想這些感受。讓你的神經系統明白，這種放鬆狀態的確是可以達成、令人渴望，而且在你需要的時候隨時都能找回來。

③在下一回合的吐氣中，慢慢睜開眼睛。在眼睛張開的放鬆狀態下靜坐幾分鐘，單純在徹底的平靜中休息就好。

這項練習起初請獨自進行。至少嘗試一週，每次練習五分鐘。隨著逐漸適應，可以將練習時間延長到十分鐘，隨後再延長到二十或三十分鐘。你也許會發現，自己其實渴望練習更長的時間，請聽從那個內心的渴望。如果你覺得這項練習特別有難度，或是一直無法感受到安全感和放鬆感，加入團體練習或許會有幫助。你可以參加本地瑜伽教室的靜心冥想團體，或是召集志同道合的朋友一起嘗試。隨著過程逐漸推進，你會發現有必要培養尋求他人支持的能力，這對於達成目標至關重要。

練習：建構內在力量

當你感覺身體較爲放鬆之後，回想一項你一直想做，卻由於某些原因從未去做的簡單活動。例如早起散步十五分鐘，或者下定決心不再喝汽水或喝酒。

1. 開始放鬆

①就寢之前，找張椅子以舒服的姿勢坐著，閉上眼睛並專注放鬆身體的每條肌肉。從腳趾開始一路往上放鬆到頭頂，同時以鼻子吸氣、嘴巴吐氣的方式緩慢呼吸。

②等到放鬆後，專注在呼吸上，以鼻孔緩慢吸氣，憋氣五秒鐘，再以嘴巴緩慢吐氣。

2. 將意圖視覺化

①持續前述呼吸法五分鐘後，想像自己正在做那項簡單的活動。而且不只是想像，也要看見自己在做那項活動。

3. 記錄你的意圖

①完成視覺化後，睜開眼睛，在紙上寫下你的目標或那項活動，並把紙張放

在床頭櫃上。

4.在潛意識中植入意圖

①躺下並閉上眼睛，緩慢呼吸幾分鐘，同時想像看見自己實現意圖。持續緩慢地呼吸，直到入睡。

5.審視意圖

①醒來時，坐起來閱讀那張紙，把關於你目標的念頭嵌入意念中，然後展開你的一天。

如果你下定決心早上要散步，就開始付諸行動。假如你決定不喝汽水，那每次面對選擇時就要先停下來，並選擇堅持不喝。每次完成承諾之事，都要爲自己喝彩，並在這張紙上寫下：「我恭喜自己完成這項任務。」日復一日持續下去，就是在向自己證明，你有能力完成自己決定專注的任務。儘管這項任務也許很簡單，但完成任務的行爲，會啓動腦中把意圖嵌入大腦的相關過程。持續這項任務，直到不再需要思考過程，可以自然而然完成爲止。

這就是小習慣的力量。

每天嘗試這項練習，持續一週。在第七天結束時，進行自我評估。

你有什麼發現?你覺得這一步的哪個部分很容易?哪個部分最困難?如果把你在這項練習中的體會融入日常生活中,會是什麼情況?

問問自己,是不是已經開始習慣這麼做了?如果你覺得仍然需要時間來找回自主感,那這項練習就延長一週,接著再次評估。當你準備就緒,而且感覺與內在力量的連結變得自然時,就可以進入下一步。

◆第二週

第二步：釐清自己真正的渴望

現在你的身體已經放鬆，而且你對自己擁有內在力量、能根據自身意圖來改變環境這件事已經略有所悉，可以開始專注於觸及、校正你的「內在羅盤」了。當你開始思考最想實現的目標時，可能會發現腦海中充滿不同願望的嚎叫聲。最響亮的聲音可能是來自家人、朋友或媒體認為珍貴的事物，然而在這些噪音之下，還有其他比較微弱的低語聲，而從這些呢喃聲中，你才能聽見內心最深層的渴望。你可能需要時間來將無數的需求、衝動和渴望分門別類，才能歸納出你最需要、顯化後最感到滿足的事物。

為了開始拆解有時糾結難分的需求與希望、夢想與志向，反思你對成功的想像也許會有幫助。成功對你來說到底意味著什麼？成功看起來是什麼模樣、是什麼感覺？這項練習讓你有機會親身審視並探索你所追求的成就感。

練習：你眼中的成功是什麼模樣？

1. 做好準備

①找個適合練習的時間和場所，確保不會受到打擾。

②別在壓力大、有其他事情分心、二十四小時內曾經飲酒或使用娛樂性藥物，或是疲累的時候進行練習。

③手邊準備一疊紙張和一枝筆。

2. 開始靜下心來

①以輕鬆的姿勢坐著，閉上雙眼，深呼吸三次。

3. 觀想成功的模樣（視覺化）

①在心裡喚起你想像中的成功是什麼模樣。不要刻意停留在某一幅景象或某個念頭上，而是自由想像你成功的樣子，以及這副模樣對你有什麼意義或暗示，持續幾分鐘。

4. 掃描身體

①坐直並持續閉上雙眼，用鼻孔緩慢吸氣，再用嘴緩慢吐氣，以這種方式呼吸三次。重複相同呼吸方式直到覺得舒適且自然。

②現在從腳趾開始放鬆全身肌肉，由下一路往上放鬆到頭頂，並在專注放鬆身體的同時感覺越來越輕鬆、越來越平靜。在此過程中，你會發現有股平靜感包覆著你，讓你感到安穩無比。隨著你繼續緩慢吸氣和吐氣，你不再擔心別人會評判你、批評你的夢想和志向。

③持續緩慢吸氣、吐氣，感覺全身舒適，徹底放鬆。

5.更全面地觀想你的成功

①再次想像你心中的成功是什麼模樣，但這次要更加專注在你的成就上。將自己獲得成就的樣子視覺化，用內心的眼睛觀看自己成就斐然的模樣。在緩慢吸氣、吐氣的同時想像每一個細節。探索你的五感：成功看起來是什麼樣子、會帶來什麼感覺、聽起來像什麼聲音、聞起來像什麼氣味、嘗起來是什麼味道？持續緩慢吸氣、吐氣。

②現在你已經可以看見所有細節，慢慢睜開眼睛，持續緩慢吸氣、吐氣、吸氣、吐氣。

③感覺自己放鬆且平靜。

6.將你想像的成功記錄下來

①拿起紙筆，用至少五分鐘的時間，把你在想像自己成功時在內心看到的一

切，以自己的話寫下來。寫得越鉅細靡遺越好。要寫成幾個句子或是一整段話都可以，重要的是定義出你所認爲的成功。

②現在閉上雙眼單純地坐著，用鼻孔吸氣、用嘴吐氣，緩慢呼吸三到五次，接著睜開雙眼。

7.回顧你寫下的內容

①首先，在心中默唸自己寫下的字。

②接著大聲讀出自己寫的內容。

③閉上眼睛，花幾分鐘靜靜坐著，回想自己心中的成功。

8.欣賞自己的成功

①感受一下，在你顯化自己的成功時，那份滿足感讓你覺得多麼放鬆且平靜。

我鼓勵你把寫下的那些關於成功的內容，放在時常能看見的地方。有些人會貼在冰箱或放在書桌上，也有人會摺起來放進皮夾或錢包裡，每當排隊等待時就拿出來讀。你可以朗讀這些內容並錄下來，在起床或睡前播放。你甚至可能會產生靈感，創造它的視覺象徵，例如用雜誌剪下的圖片做成拼貼畫，或是創作一幅素描或油畫。將它與朋友分享，要朋友時常提醒你回想。你可以自行重複這項練習，並留意有哪些不同與相同之處，次數不限。並記住，你今天寫下的內容可能只是個起點，你在往後的人生中將會不斷精煉自己的願景。

練習：誘發正面情緒

爲了使你的內在羅盤清晰澄明，回想一下你人生中曾經感覺良好、充實、受到關懷或眞正成就斐然的時刻。回顧生命中的這種時刻應該會有所幫助，因爲此時無論你的內心或直覺都確信自己走在正確的道路上。問問自己：「有哪些事物、活動或想法讓我內心感受到長久的溫暖？我何時曾經感受到深刻的充實、圓滿與和諧？」你可以藉此調整內在羅盤的頻率。對許多人而言，在造福他人或是爲他人付出行動時，這些情感往往會自然而然地浮現。

請記住，體驗到強烈的正面情緒時，代表大腦判斷眼前的事物對我們而言很重要、值得我們追求與關注。越是將身體感受到的強烈情感與心中的畫面相互連結，大腦就會賦予這些事物更加顯著的意義，並在現實世界中投入更多資源來留意它們的出現。

每天進行這項練習，持續一週。

1. 做好準備

①找個適合練習的時間和場所，確保不會受到打擾。

②別在壓力大、有其他事情分心、二十四小時內曾經飲酒或使用娛樂性藥物，或是疲累的時候進行練習。

③手邊準備一疊紙張和一枝筆。

2. 回想美好感受

①在開始之前，以舒服的姿勢坐著，閉上眼睛，回想一個或數個讓自己感到滿意、開心和充實的時刻。

②不要刻意停留在某一幅景象或某個念頭上，而是讓心思自由想像生命中讓你感覺到安全、受到保護、放鬆、平靜、開心又充實的體驗。

③靜靜坐著幾分鐘，回想這些感受。如果你認爲自己沒有這種體驗，就單純想像這會是什麼樣的感覺。

3. 掃描身體

①坐直並持續閉上雙眼，用鼻孔緩慢吸氣，再用嘴緩慢吐氣，以這種方式呼吸三次。重複相同呼吸方式直到覺得舒適且自然。

②現在從腳趾開始放鬆全身肌肉，由下一路往上放鬆到頭頂，並在專注放鬆身體的同時感覺越來越輕鬆、越來越平靜。在此過程中，你會發現有股平靜感包覆著你，讓你感到安穩無比。隨著緩慢地吸氣和吐氣，你感覺到一股溫暖和接納感，不再擔心別人會評判你、批評你的夢想和志向。

③持續緩慢吸氣、吐氣，感覺全身舒適，徹底放鬆。也許會產生看似負面的念頭，就讓它們輕輕掠過，不要執著，並重新專注在原先的目標上。

4. 回想安全的感受

①回想安全是什麼樣的感受。許多人此時會想到和母親或心愛之人牽手、擁抱，那種受到保護、無比溫暖又無憂無慮的感覺。

②如果你想不到有類似感受的回憶，別擔心，儘管運用想像力，激起能帶來溫暖、安全和無條件呵護感受的意象。你可以想像自己被靈性指引者、動物或單純被生命的心跳所安撫的模樣。

5.喚起美好感受

①在這個狀態下，特別專注在對自己的正面想法、你所喜愛的自身特質，或是曾經給予他人愛、關心與滋養的事件上。

②隨著緩慢地吸氣、吐氣，你感受到深刻的滿足，心中充滿正面情緒。你被這些感受包圍，明白自己的滿足感與充實感不僅是來自所受到的支持與滋養，也來自你對他人付出的愛與關懷。

③在心中觀察自己如何體驗開心、充實、溫暖與愛的感受，那是獻給自己的愛，也是無條件給予他人的愛。隨著緩慢地吸氣、吐氣，試著盡可能想像每一個細節。

6.加深美好感受

①緩慢地吸氣、吐氣。看著自己被愛與愛人的模樣。感受開心、滿足和充實感如何影響你的身體。感受你的心跳如何放慢、呼吸如何變得自然。感受負面情緒如何離開你，並被你對自己的正面念頭和情感、你在世界上扮演的角色，以及你對他人付出的關愛所取代。

②靜靜坐著，回想這些細節。沐浴在這些感受中，持續緩慢地吸氣、吐氣。

③你覺得放鬆又平靜。

7.將你的體驗記錄下來

①拿起紙筆，用至少五分鐘的時間，寫下你回想對自己的正面感受時所看見的畫面，包括你是誰、你的能力，以及這些能力如何對他人帶來正面的影響。

②在回想這些情緒時，你會覺得安全、溫暖，同時深刻地感覺自己無所不能。

③寫得越鉅細靡遺越好。要寫成幾個句子或是一整段話都可以，重要的是你正在爲自己定義關愛與滋養的力量，以及你在這麼做時會如何影響你的身體。

④現在閉上雙眼單純地坐著，用鼻孔吸氣、用嘴吐氣，緩慢呼吸三到五次。

8.回顧你的體驗

①現在睜開眼睛。首先，在心中默唸自己寫下的字。

②接著大聲讀出自己寫的內容。閉上眼睛，靜靜地沉浸在那些關於關愛與滋養力量的思緒裡幾分鐘。

③現在，想像那份關愛與滋養如何帶給你安全感。

9.在潛意識中植入你的體驗

①你很滿足，因爲你被愛著，而且有能力把這份愛不僅給自己，也給別人，並藉此創造對自己的深刻正面感受。感覺一下這份滿足讓你多麼放鬆、平靜。有意識地將這些感受與你的內在羅盤相互連結。

②透過處於平靜狀態的內在羅盤，教導你的潛意識明白什麼才是重要的事，並爲你打造合適的內在環境，讓你顯化最大的渴望與心願。

經過一週後，反思以下問題：你有什麼發現？你對腦海和內心浮現的念頭感到驚訝嗎？

留意日常生活中，哪些時刻、關係和情境能激起類似的正面情緒，以及哪些會消磨你的精力，甚至讓你感到身心俱疲。將內容記錄在日誌中，並在一週後看看能不能找出某種模式。當你感到分心、壓力山大或沮喪時，可以回顧這些正面情緒的體驗，並和你的內在羅盤重新建立連結。如果遇上困難或挑戰，重複這項練習一週，或是直到你對這項練習感覺很自在爲止。你也可以回到前一步，繼續放鬆身體並重拾自己的內在力量。當你對內在羅盤指引的方向開始有信心時，就該進入下一步了。

◆第三週

第三步：消除心中的障礙

現在你已經重拾自主性，並且看清楚自己的渴望，你的內心可能開始會遇上不速之客，包括恐懼、冒牌者心態、自我懷疑和怨恨。

像我這樣的人不值得擁有這一切。

你以為你是誰？

他們說得沒錯。

太遲了。

這永遠行不通。

諸如此類的念頭，都是內心遭遇未知時的自然反應。請記住，大腦的設計是爲了讓你**活下去**，不是爲了讓你快樂。每當我們面對新的方向，無論前途多麼激勵人心、充滿活力、潛力無限或深刻動人，都會無可避免地引起神經系統的抗拒。你的任務不是和抗拒感硬碰硬，而是要安撫它、與它共存，甚至是與它合作。最有效的解決方式是培養自我憐憫。儘管這種機制看似深不可及，但**以仁慈面對痛苦**的能力，是我們與生俱來的生物學特質。透過不斷練習，你將學會敞開心胸，接納自己無論是好是壞的體驗。隨著時間經過，抗拒感會降低，熱情則會增加。

練習：信念及其相反面

對自己的負面信念就像蘑菇，都是在黑暗中成長茁壯。因此，把它們拉出腦袋的黑暗角落，暴露在能看清其眞實面貌的陽光底下，往往效果奇佳。以下練習能讓你找出不斷扯你後腿的信念與往事，並有意識地將之化為助力。

1. 做好準備

①騰出一段獨處時間。
②手邊準備好紙筆。
③把紙分爲兩欄：「信念」和「相反面」。

2.開始放鬆

①擺出舒適的姿勢，坐直或躺下皆可。

②閉上雙眼，用鼻孔緩慢吸氣，再用嘴緩慢吐氣，以這種方式呼吸三次。重複相同呼吸方式直到覺得舒適且自然。

③現在從腳趾開始放鬆全身肌肉，由下一路往上放鬆到頭頂，並在專注放鬆緊繃感的同時感覺越來越輕鬆、越來越平靜。在此過程中，你會發現有股平靜感包覆著你，讓你感到安穩無比。

3.回想美好感受

①開始喚起一段讓你感受到無條件的關愛與重視的回憶或畫面。讓這股正面感受盈滿你的體驗，從心中流淌至你的內臟與四肢。

4.回想負面信念

①在心中溫柔地回想，有哪些對自己和人生的信念曾經讓你感到困擾。

②可以想像自己安穩地佇立在樹梢、懸崖或陽臺上，而這些信念都在下方聚集。

③看看你能否辨識出一些常見的「嫌疑犯」，例如「我不夠好」、「我受到不公平的待遇」、「我傷得太重了」。

④試著不帶評判的眼光，單純且清晰地看著這些信念，在內心中見證它們。你可能會感覺到它們曾經對你造成的痛苦，此時順其自然就好。

5.將你的觀察記錄下來

①當你準備好時，輕輕睜開眼睛，把這些信念寫進「信念」那一欄。想怎麼寫都可以，不需要過濾內容。別擔心錯別字、標點符號或你到底有沒有「找對信念」。

6.回顧你寫下的內容

①現在大聲讀出你的信念清單。在朗讀時，留意你的情緒和身體上的感覺。

②你是否覺得心頭一緊、喉頭哽咽、感到失望或怒氣翻騰？

7.重溫美好的感受

①如果你需要重溫正面感受的意象來尋求支持，隨時都可以這麼做。

8.將相反面記錄下來

①當你準備好時，換到「相反面」那一欄。針對你列出的每一個信念，寫下其相反描述：「我夠好」、「我擁有改變處境的內在力量」、「我擁有充分的時間、愛與支持，能追求自己的目標」。

②探索哪些話聽起來既準確又有生命力，而且記得，你不需要立刻完美地做

到。

9.回想你的練習

①花點時間思考紙上寫的字，留意兩欄內容如何彼此呼應。

②認知到透過單純覺察負面信念的存在，你已經開始將它們轉化為其相反面了。

練習：自我憐憫

很多人都是自己最苛刻的批評者。雖然這樣能激勵自我的表現與成就，卻會讓自尊付出極高的代價。負面的自我價值感將會一直伴隨，並嚴重影響我們的身心福祉。負面對話往往會導致進一步的傷害，因爲當我們告訴自己，我們無能、不配、沒人愛，而且永遠不會有人愛，甚至認爲自己是冒牌者時，就是在限制自己的可能性。事實上，每個人的內心深處都蘊藏著卓越的力量，卻透過負面的自我對話捨棄了這股力量。

這項練習的目的，在於從根本上消除自認爲「不配」的感受。

1. 做好準備

①找個適合練習的時間和場所，確保不會受到打擾。

②別在壓力大、有其他事情分心、二十四小時內曾經飲酒或使用娛樂性藥物，或是疲累的時候進行練習。

③手邊準備一疊紙張和一枝筆。

2. 開始靜下心來

①在開始之前，以輕鬆的姿勢坐著，閉上雙眼。讓心思自由飛翔，並聆聽腦海中掠過的所有負面念頭，持續一會兒。不要刻意停留在某一幅景象或某個念頭上，單純放鬆心思，感覺負面的自我對話如何存在你的身體裡。

②你的體內在當下有任何部位產生感覺嗎？是什麼樣的感覺？

3. 回想你的體驗

①感覺這些負面的自我對話如何讓你變得渺小、如何限制你。想想你是如何把負面的自我對話和現實相互混淆。

②靜靜坐著幾分鐘，回想這些感受。這些念頭帶給你什麼感覺？你有感到悲傷、憤怒、麻木或焦躁不安嗎？

4. 掃描身體

①坐直並持續閉上雙眼，用鼻孔緩慢吸氣，再用嘴緩慢吐氣，以這種方式呼吸三次。重複相同呼吸方式直到覺得舒適且自然。

②現在從腳趾開始放鬆全身肌肉，由下一路往上放鬆到頭頂，並在專注放鬆身體的同時感覺越來越輕鬆、越來越平靜。在此過程中，你會發現有股平靜感包覆著你，讓你感到安穩無比。隨著持續緩慢地吸氣和吐氣，你感覺到一股溫暖和接納感，不再擔心別人會評判你、批評你的夢想和志向。

③持續緩慢吸氣、吐氣，感覺全身舒適，徹底放鬆。內心也許會升起負面的自我對話，讓它們輕輕掠過，不要執著，並重新專注在呼吸上。

5. 回想安全的感受

①想起安全是什麼樣的感受。許多人此時會想到和母親或心愛之人牽手、擁抱的感覺。也可以想像身在特別安全的場所，例如以往愛去的那條僻靜小溪，或是坐在家裡的餐桌旁享受溫暖的晚餐，只要能讓你覺得受到保護的情境都行。

②無論你的安全感是來自與別人的情感互動，或是發生在獨處的情境中，都有相同的效果。不過請記住，獨處和孤獨並不一樣。單純沉浸在這股安全

感中，不須需擔心這些感受以外的任何事。

6. 加深美好感受

①在這種狀態下，更加專注於對自己的正面想法、你欣賞的自身特質、你曾經給予他人愛、關懷與呵護的時刻。隨著緩慢地吸氣、吐氣，你感受到深層的滿足與正面情緒。

②你被這些感受包覆著，明白自己的滿足與充實感不僅來自他人的支持與呵護，也來自你對他人相同的鼓勵與愛護。將這份感受和你與生俱來的美好本質連結。

7. 沉浸在美好感受中

①在心中觀察自己如何體驗開心、充實、溫暖與愛的感受，那是給自己的愛，也是無條件給予他人的愛。隨著緩慢地吸氣、吐氣，試著盡可能想像每一個細節。

②緩慢地吸氣、吐氣。看著自己被愛與愛人的模樣。感受開心、滿足和充實感是如何影響你的身體。感受你的心跳如何放慢、呼吸如何變得自然。感受負面情緒如何離開你，並被你對自己的正面念頭和情感、你在世界上扮演的角色，以及你對他人付出的關愛所取代。

③靜靜坐著，回想這些細節。沐浴在這些感受中，持續緩慢地吸氣、吐氣。

④明白那些負面自我對話不是你。了解在人類數千年的演化過程中，負面念頭與事件會深植於內心，是爲了要保護我們；但在現代世界中，只會限制我們、使我們感到痛苦。

8.欣賞你的人性

①現在專注於對自己的正面念頭。回想克服過的一切困難、達成的一切成就，並理解人生中總有潮起潮落，但這些都無法定義我們。了解這正是身爲人類的本質。反覆告訴自己，你值得被愛、你能夠完成任何事、你值得成功、你不是冒牌貨。

②你也許會聽不進去你告訴自己的話，這很正常。在這個階段，只要「假裝」聽得進去就夠了。只要你有耐心，隨著時間經過，你會更深刻地相信這些話。靜靜坐著感受這份現實，隨著繼續緩慢地吸氣、吐氣，感受自己有多麼平靜又滿足。

③在感到平靜又滿足的同時，被愛包圍的感覺油然而生。你明白愛具有滋養的效果，可以讓你看見自己的力量與潛能。靜靜坐著，沉浸在這些感覺中，並持續緩慢地吸氣、吐氣、吸氣、吐氣。

④你覺得放鬆又平靜。

9.將你的體驗記錄下來

①拿起紙筆，用至少五分鐘的時間，寫下你回想對自己的正面感受時所看見的畫面，包括你是誰、你的能力，以及這些能力如何對他人帶來正面的影響。思考一下，在你回想這些感受時，你如何感覺到安全、溫暖，同時也深刻地感覺自己無所不能。

②寫得越鉅細靡遺越好。要寫成幾個句子或一整段話都可以，重要的是你正在爲自己定義關愛、滋養與內在的力量，以及你在這麼做時會如何影響你的身體。透過重塑與改變心態，你如何從你加諸在自己身上的限制中解脫。

③現在閉上雙眼單純地坐著，用鼻孔吸氣、用嘴吐氣，緩慢呼吸三到五次，接著睜開眼睛。

10.回顧你的體驗

①首先，在心中默唸自己寫下的字。接著大聲讀出自己寫的內容。

②靜靜坐著，回想那些關於你內在力量的念頭，以及關愛與滋養自己會如何影響你的心智與生理。閉上眼睛沉浸在這些感受中，持續一會兒。

③現在思考關愛與滋養如何帶給你安全感、這股安全感如何允許你擁有自己的力量，以及這股力量如何讓你顯化目標。

11. 領會你的體驗

①你很滿足，因爲你被愛著，而且有能力把這份愛不僅給自己，也給別人，並藉此創造對自己的深刻正面感受。感覺一下這份滿足讓你多麼放鬆、平靜。

②處於這種狀態與心境時，你便爲自己創造了合適的環境，使你得以顯化最大的渴望與心願。

每天進行這項練習，至少持續一週，並將每次的練習成果寫進日誌。第七天結束時，思考以下問題：在你探索這項練習時，出現了哪些感覺？會很難產生自我憐憫的感受嗎？或者這種感受可以自然浮現？如果將這種無條件的關愛融入日常生活，會是什麼感覺？

這項練習可以深入探索，在進入下一步之前，你也可以選擇在這一步多停留一些時間。自我憐憫是一輩子的課題，用來建立自我支持、自我接納的情感。每當你又受到負面的念頭、信念與感受所苦，都能再次進行這項練習。隨著時間經過，你也許會開始發現這些不適感可以分成兩種，彼此之間存在明顯的差異：一種像是在對你發出訊號，提醒你需要採取行動；另一種則是神經系統對你的成長自然產生的抗拒反應。這是非常強大的技能，有助於你追求更寬闊、更宏大的願景。

有些人可能需要多練習一週，甚至更久的時間。保持耐心，接受「每個人都不一樣」的事實，沒關係的。當你覺得無論對自己或他人都能常保憐憫之情時，就該進行下一步，直接改造你的潛意識了。

◆第四週

第四步：將意圖嵌入潛意識

至此，你已經重拾了內在的力量、反思了自己真正的渴望，也開始清除阻礙你的內在障礙與錯誤信念。所有的努力已經爲你鋪好了路，讓你準備邁向下一步：有意識地將意圖嵌入潛意識中。由於隨時都會有大量的資訊向你蜂擁而來，大腦需要透過一套方法來判斷哪些是重要資訊。爲了告訴大腦你的意圖很重要，方法便是將你的意圖視覺化，並使其伴隨強烈的正面情緒。大腦無法區分現實經歷和想像中的體驗有什麼不同，因此，讓心中的畫面變得越生動，大腦的反應也會越強烈，彷彿它確實經歷過由這項意圖轉化而來的現實。當你體驗到意圖帶來的正面情緒時，你的意圖會變得更加顯著，潛意識也會開始投入資源，在現實世界中尋找相同的體驗。

練習：將意圖視覺化

1. 做好準備

①找個適合練習的時間和場所，確保不會受到打擾。

②別在壓力大、有其他事情分心、二十四小時內曾經飲酒或使用娛樂性藥物，或是疲累的時候進行練習。

③手邊準備一疊紙張和一枝筆。

2. 開始將意圖視覺化

①以輕鬆的姿勢坐著，閉上雙眼，想著你希望顯化的願望，同時讓思緒自由飛翔。此時常常會浮現負面的念頭或意象，但你可以立刻將注意力引導回想要顯化的目標上。

②持續進行幾分鐘，如果你的心思飄走了（極有可能），就立刻重新拉回你希望顯化的念頭上。

③在你想的同時，試著更清楚想像成功顯化目標時的景象。看看在這些景象中的自己是什麼模樣、你的體內和內心有什麼感覺。

3. 進一步放鬆

①坐直並持續閉上雙眼，用鼻孔緩慢吸氣，再用嘴緩慢吐氣，以這種方式呼吸三次。

②重複相同呼吸方式直到覺得舒適且自然。

③現在從腳趾開始放鬆全身肌肉，由下一路往上放鬆到頭頂，並在專注放鬆身體的同時感覺越來越輕鬆、越來越平靜。在此過程中，你會發現有股平靜感包覆著你，讓你感到安穩無比。隨著你緩慢地吸氣和吐氣，你感覺到一股溫暖和接納感，不再擔心別人會評判你、批評你的夢想和志向。你開始更清晰地看見你想要顯化的心願。

④持續緩慢吸氣、吐氣，感覺全身舒適，徹底放鬆。你現在不再分心，並且更加專注。

4. 再次將意圖視覺化

①現在再次想著你正在顯化你的意圖。專注想著你確實達成想顯化的目標時，會是什麼景象。

②緩慢地吸氣、吐氣，感受那份滿足感和成就感。你意識到隨著這麼做，你實現願望的可能性也越來越高。你已經顯化意圖的畫面變得更加清晰。

③你放鬆又平靜，並覺得你能實現任何渴望。你感覺和內心想要顯化的無窮可能性建立起連結。

④靜靜坐著感受這些感覺，並持續緩慢吸氣、吐氣、吸氣、吐氣。現在慢慢睜開眼睛。你覺得平靜，無所畏懼。

5. 記錄你的意圖

①拿起紙筆，用至少五分鐘的時間，把你在顯化時所看見的一切，以自己的話寫下來。寫得越明確越好。

②如果是和職業目標相關，把包括時間、地點、身上穿的服裝、當天的時間及你的感受等所有細節一併寫下。如果是關於某個物品，盡可能包含更多細節，深入描述這個物品及擁有它的感覺。想像你擁有這個物品的樣子，盡可能鉅細靡遺地想像。

6. 回顧你的意圖

①在心中默唸自己寫下的文字，接著閉上眼睛，再次想像顯化目標後的感覺，持續幾分鐘。

②睜開眼睛，大聲讀出自己寫下的文字。

③閉上眼睛，再次想像顯化目標後的感覺，持續幾分鐘。

7.反覆練習

①有些人可能覺得，這項練習一天進行二十分鐘就夠了，而有些人一天可能會練習不只一次。事實上，越常進行這項視覺化練習，達成夢想的可能性就越高。

②請記住，雖然可以視覺化並顯化只對自己有益的願望，但當你能夠思考，你想顯化的願望如何為比自己更大的目標效勞時，顯化的力量會更加強大，成功的機會也更高。並不是說顯化必須絕對無私，但當目標也能造福他人時，顯化的力量會變得更大。

額外練習：增加細節

嘗試顯化幾次後，建議你花點時間讓你渴望的意圖變得更加充實，讓它在你心中盡可能呈現出栩栩如生的樣子。

1.做好準備

①找個適合練習的時間和場所，確保不會受到打擾。

2.開始靜下心來

①坐直並持續閉上雙眼，用鼻孔緩慢吸氣，再用嘴緩慢吐氣，以這種方式呼吸三次。

②重複相同呼吸方式，直到覺得舒適且自然。

③想像你正在清理內心，現在你心智的螢幕呈現一片空白。

3.回想你的意圖

①邀請你的意圖進入內心。首先，讓它變得具象化，不要干涉它。讓它向你展示自己。它的模樣可能經過精雕細琢，又或者模糊不清。就單純讓它自然浮現，即便只是匆匆一瞥或某種遙遠的感覺也無妨。你可能會感覺不同情緒混合在一起，儘管接納就是。

②一旦你讓意圖在內心盡可能自然而然地升起後，花點時間思考它的整體樣貌。有哪裡比較突出嗎？有沒有間隙或是模糊地帶？

4.增加細節

①現在將開始填充並增強視覺化的細節，從你的五感開始。我們時常極爲專

注在意圖看起來是什麼樣子，卻忽略了其他的感官元素。你的意圖聽起來是什麼聲音？它在你的皮膚上和身體內是什麼感覺？聞起來是什麼氣味？嘗起來是什麼味道？

②例如當我視覺化自己成爲醫生時，我不僅想像低頭時看見自己身上穿著白袍，也感覺到棉和聚酯纖維混紡布料在手臂和肩膀上的硬挺感、聞到衣物剛洗好的氣味和醫院地板上的消毒水味，就連嘴裡都能嘗到早上喝完咖啡後的餘味。你能夠透過各種感官細節來使意圖變得栩栩如生嗎？

5. 將細節記錄下來

①將意圖所帶來的五感仔細寫進日誌中。可以寫成條列清單，也可以嘗試用意識流的風格寫出自己的體驗。如果是和職業目標相關，把包括時間、地點、身上穿的服裝、當天的時間及你的感受等所有細節一併寫下。如果是關於某個物品，盡可能包含更多細節，深入描述這個物品及擁有它的感覺。想像你擁有這個物品的樣子，盡可能鉅細靡遺地想像。

6. 回想感受

①現在回到你的意圖，專注在情緒上。當我想像自己是醫生時，我專注在第一天上班會有什麼感覺，將注意力集中在光榮、興奮和出於悲憫之情的

奉獻感上。我排練擁有一顆充滿感恩的開放心胸，感謝自己能夠走到這一步、感謝所有幫助過我的人，也感謝身旁各種活動與抉擇所帶來的生氣蓬勃的喧囂聲。我想像我的第一位病患、想像我內心對他們與各自艱難困境的憐憫，以及我多麼渴望採取行動來幫助他們康復。

②問問自己：「我最希望自己的意圖激起哪兩種或三種正面情緒？」描述得盡可能具體一點。說出這些情緒，有助於你在需要時喚起它們。把這些情緒加入你在日誌裡對於感官細節的描寫中。隨著不斷練習，你可以將這些細節與情緒相互連結，使它們化爲強大又生動的回憶，藉此將身、心、靈合而爲一。

7.回顧你的練習

①定期回顧你在日誌中記錄的感官和情緒細節，使你的意圖保持生命力。你可以唸出意圖並錄下來，時常反覆聆聽；或者試著把你的意圖分享給信任的朋友，鼓勵他們對你提出相關問題。當你想到新的細節就寫進日誌裡。

嘗試這項練習至少一週。你開始視覺化和精煉意圖時有什麼感覺？你能輕易想起這些細節嗎？或是要努力一下才想得起來？你有發現，意圖隨著時間經過在你的心中逐漸活了起來嗎？

這個階段，障礙會再次出現，這是正常現象。那些障礙可能是告訴你，你的意圖永遠無法實現，或是你不配實現意圖。雖然這些雜音聽起來令人難受，但這其實意味著你正朝著自己的意圖不斷邁進。這時回到前一步會很有幫助：再次翻閱先前列出的相反面清單，並練習自我憐憫。在進行視覺化的前後練習自我憐憫，能爲你的意圖提供強大支持，也能帶來你所需要的安全感與信心，使你能沉浸其中。只要你需要，隨時可以回來練習自我憐憫。

經過一週或更長時間的練習後，如果覺得準備好繼續前進，就要開始練習懷抱熱情追求目標，並堅持到底。

◆第五週

第五步：滿懷熱情追求目標

顯化不是一次性的過程。儘管有時會帶來一夕之間的成功，但其實更常需要經過多次的練習。是時候動員你的激情和韌性了。這一步也需要與他人合作，並且和你的環境和諧共處。如果你知道還有其他人正在顯化自己的意圖，可以發起練習小組或是找個可靠的夥伴。在社交媒體上加入討論並分享你的發現，其他人也許會有你從未想過的訣竅，你的見解也可能幫助其他在路上同行的人。

練習：我的意圖如何造福眾生？

想要提升內在的力量，我們所能做到最有效的事，就是將自身意圖和周遭的生命接軌。我鼓勵你在這項練習中反思，你身爲個體，要如何透過自己的願景來成就更宏大的事物。

1. 做好準備

①找個安靜、適合反思的場所和時間。

②深呼吸幾次，讓內心平靜下來，注意力回到當下的體內。

2. 回想你的意圖

①喚起你曾經視覺化的意圖，徹底感受由此帶來的感官細節與正面情緒。

②現在稍微將視角拉遠，這幅景象發生在什麼背景下？有哪些人會與這件事或目標相關？你的意圖對他們具有什麼意義？

3. 將你的意圖與更宏大的事物建立連結

①思考你的意圖實現時會帶來什麼影響。或許你達成目標後，可以啓發其他人像你一樣追求屬於自己的夢想；也許你的意圖將爲家人或社群帶來歡樂、關注或資源，又或者可以解決影響許多人的社會或環境問題。

4. 寫下一份聲明

①寫下一份聲明，描述你的意圖如何造福身邊的生命。可以寫成一封給自己、給心愛之人或是給全世界的信，或者寫成像求職信當中的自傳，也可以寫成一系列你打算遵守的原則。

②當你面臨更多疑惑、抗拒或感到疲憊時，重新閱讀這份聲明來獲得支持與

靈感。請記住，你正在顯化的目標是生命中更宏大脈絡的一環。你可以將自己的聲明讀出來與你遇到的人分享，爭取他們支持你的意圖。

練習：掃描共時性

我們可以培養善用共時性的習慣。當潛意識開始與環境達到協調，藉此尋找實現意圖的機會時，令人驚訝的連結就會出現。這種興趣、欲望與事件相互交織的奇特現象，時常會出現在我們讓意圖深入潛意識、開始與外界產生互動的時候。試試這項練習，提升你的接收力，讓你更容易察覺世界對你發出的暗示。

1. 做好準備

①找個安靜、適合反思的場所和時間。
②深呼吸幾次，讓內心平靜下來，注意力回到當下的體內。
③手邊準備一疊紙張和一枝筆。

2. 開始靜下心來

①在開始之前，以輕鬆的姿勢坐著，閉上雙眼幾分鐘，讓思緒平靜下來。

②坐直並持續閉上雙眼，用鼻孔緩慢吸氣，再用嘴緩慢吐氣，以這種方式呼吸三次。重複相同呼吸方式直到覺得舒適且自然。

3. 掃描身體

①緩慢掃描你的身體，用你的意識輕觸每一個部位，並將意識所到之處的肌肉放鬆。

②讓全身肌肉一束束徹底鬆開，敞開你的心房。

4. 掃描共時性

①現在，請你溫和地回想生活中的事件和境遇。以不帶評判的方式，讓你生活中的種種細節在心中化爲具體形象。再細微的感受都不放過，再微妙的線索都不忽略。傾聽你的人生，就像傾聽一位睿智哲人用神祕的語言娓娓道來。

②問問自己：「我有沒有發現任何規律，或是出乎意料的巧合？」回想最近發生的對話、讀過的文章或貼文、難忘的夢境或倏忽即逝的直覺。或許你曾經聽過三個八竿子打不著的人提到同一本書，或是心中不斷浮現某個地

方，抑或是最近反覆想起許久前已然忘卻的回憶，重溫著某段令你深受啟發的經歷。

5. 將你的觀察記錄下來

①拿起紙筆，用至少五分鐘的時間，把你在觀想自己的生活時所看到的一切，以自己的話寫下來。

②寫得越鉅細靡遺越好。要寫成幾個句子或是一整段話都可以，重要的是寫下人生想對你說的話。

6. 回顧你寫下的內容

①現在閉上雙眼坐著，用鼻孔吸氣、用嘴吐氣，緩慢呼吸三到五次，接著睜開眼睛。

②在心中默唸寫下的文字。

③接著大聲讀出自己寫下的內容。靜靜坐著，閉上眼睛回想生活中的這些畫面，持續幾分鐘。

7. 思考下一步

①接下來，花點時間反思該做些什麼來呼應你所發現的規律或見解。你該將內在力量用在哪裡，才能強化這出人意料的連結之網？

②再花些時間靜靜坐著，回想你發現的一切，並認知到：即使最細微的連結也可能是最大的契機，能讓你將自己的目的與願景進一步接軌。

將寫下的內容放在時常能看見的地方，方便你持續掃描人生中出乎意料的連結。隨著對共時性更加關注與重視，共時性的現象也會倍增。定期重複這項練習，使你的視野更加寬闊，將人生爲你帶來的所有機會放到最大，藉此實現你的目標。

這一週的重點在於不斷重複，所以這個階段的原則是返回前一步的練習，再花七天的時間將你的意圖鉅細靡遺地視覺化。好好利用展開行動時所產生的衝勁。將意圖視覺化得越徹底、越牢固地植入潛意識的檔案櫃中，你的內在獵犬也就越強大。如果你的意圖已經開始化爲具體形象，可以爲此感到興奮，但不要停止練習。必須徹底執行，並展現出從一而終的決心。

同樣地，如果在這一步遇到困難，我建議你回到自我憐憫的練習。你甚至可以回到最初的起點，把心思集中在放鬆身體並釐清渴望。創造讓自己達成意圖的最佳契機，就是爲它提供最堅實的基礎。

在這一步停留至少一週的時間。當你在日常活動中感受到對自身意圖的熱情，它也開始在你的潛意識扎根時，代表你已經準備好邁向最後一步了。

◆第六週

第六步：放下期待，接納心的魔法

就快完成了。花一點時間，爲自己走到這一步的決心感到榮耀。反思你這段時間的進展和所學，有哪些事情變得容易了？哪些事情仍然很困難？

回顧日誌較早期寫下的頁面：有什麼改變嗎？成功的模樣看起來一樣嗎？那障礙呢？花十分鐘的時間，在日誌中寫下一路走來的成果對你的願景、希望及生活中的細節有什麼影響。

在這最後一步，你將要面對一個「矛盾」：在滿懷熱情、鉅細靡遺地將意圖視覺化後，此時該放下所有執著並接受驚喜了。這便是當我們不抱任何期待時才會出現的魔法。

額外練習：感恩信

無論你的目標感覺近在咫尺還是遠在天邊、看似唾手可及還是遙不可及，盤點已擁有的資源和正在運作的事物，都對你有所助益。感恩之情能夠點亮內心、專注在美好的事物上，並舒緩挫折與失望，不但能使我們更加慷慨，還能感謝一路走來所獲得的幫助，從而強化在人生中與萬物的互動關係。當我們回想並細品早已擁有的溫暖、美好、善意和豐盛時，便更容易放下對某個特定結果要在特定時間發生的執著。我們可以自由自在地放鬆，單純體驗人生，而不會爲自己創造痛苦。

1. 騰出一段時間，在安靜的地方進行反思，手邊準備一疊紙張和一枝筆。
2. 深呼吸三次來放鬆身體，讓每次吐氣引導你在當下的時空更徹底靜下心來。
3. 現在回想在人生旅途中曾經幫助過你的某個人。可能是父母或家人、學校老師或其他導師般的人物、親近的朋友、街上的陌生人，抑或是某個你未曾謀面的靈性人物。也可以是一隻動物，或是大自然的某個地點。
4. 如同你曾練習過把意圖視覺化一樣，在你的內心看見對方的樣貌。對方有什麼令你印象深刻的特質？臉上的微笑、眼中的善良、撫觸的溫暖、笑聲，還是凶狠的神情？
5. 花點時間回想對方幫助你的時刻，在內心重新經歷那當下的體驗。接受對方的幫助、關懷和支持是什麼感覺？感恩之情在你體內帶來什麼感覺？回想這些畫面和感受，持續幾分鐘。

6. 花十分鐘寫一封感恩信來感謝對方的幫助，盡可能寫得具體一點。感受你願意對此人和自己表達謝意所展現出的慷慨，讓這種感覺盈滿你的心。

7. 重新閱讀這封信，加深你的感恩之情。

你可以自行決定要不要把這封信交給對方。你也許會想將這份謝意告訴對方，或是留在心裡。無論怎麼做都行，因爲這項練習的益處是來自寫信的行爲本身。當你在顯化過程中感到失落、孤獨或無助，就拿出這封信再次閱讀。可以每過幾週就寫下新的感恩信，維持這股正面情感的活力與存在感。

練習：放下期待，迎接魔法

每個人都會面臨的一大挑戰，就是在人生的潮起潮落中活在當下，或者至少盡可能如此。無論一個人多麼擅長冥想或其他技巧，依然會在某種程度上本能地迴避苦難、尋求愉悅。

所謂的平常心，指的是在生活中無論遭遇順境或逆境，縱使所求無所得，抑或是所得非所求，都可以維持情緒穩定。在成就與失望之間，必須選擇抱持平常心。平常心體現出平衡、無反應的心境，使我們得以擁抱自由。擺脫內心的執著，才能釋放心的魔法。

1. 做好準備

①騰出一段時間，確保不會受到打擾。

②找個舒適的姿勢。

2. 快速掃描身體

①閉上眼睛，或是將目光輕輕看向前方。

②用鼻子緩慢吸氣、用嘴緩慢吐氣，重複五至六次。呼吸過程自然而不強迫，也不需要刻意專注。

③花幾分鐘放鬆身體，從腳趾開始一路往上放鬆到頭頂。

3. 回想追求某個目標的過程

①思考一個你非常想要達成的目標，以及你是如何把注意力聚焦在這個目標本身，而不是實現目標的過程。認識到這個現實如何影響你與心愛之人或

同事共度當下的方式，這種聚焦又如何將你從當下時刻抽離開來。

②留意當執著於某個結果時，身體有什麼感覺。你的感覺出現在哪裡？是喉嚨緊繃、心口收縮，或是拳頭握緊？留意這樣的執著讓你有什麼不適。

③想想你在完成目標後感覺有多美好、心情多麼興高采烈、多麼開心。明白那些感覺都是短暫的，最後你還是回到現實中繼續生活。想想你多常渴望再次擁有那些感覺、那份興奮之情。

④靜靜坐著，明白自己無法隨時擁抱那些感覺，或是處於「心流」狀態。最重要的是，明白這樣並沒有關係。無論如何，你都過得很好。

4.回想某個難題

①接下來相反地，思考當你在追求某個目標時，意識到出於某種原因而無法達成的時刻。留意你的身體出現什麼感覺。許多人會感到心力交瘁，所有負面的自我批判似乎都得到證實，感覺自己像是個冒牌者、覺得自己不配成功。他們陷入這種情境，不斷反芻人生中遭遇過的其他失敗。這種情況彷彿會永遠持續下去，而這讓自認爲沒有價值的感受加劇。

②然而，此時發生了兩件事。首先，你意識到這個目標並沒有想像中重要，而且就算沒有成功，也不會導致世界末日。事實上，日後回想起來，這

些處境帶來最深刻的體悟與最崇高的智慧，正是這些饋贈造就了今天的我們。

③最重要的是，實際上，在幾乎所有情況下，這些經歷都是暫時的。同樣地，面對未能達成目標的事實，你可以坦然接受，而且你的核心本質一點也沒有改變，意味著你值得被愛、被接納。這就是心境平和的力量，也就是所謂的平常心。

5.反思大局

①再次專注於呼吸，緩慢地吸氣、吐氣，同時明白自己可以放下對目標的執著。人生的重點不在於抵達目的地，而在於努力生活、活在當下並避免執著。你的苦難大多源自執著。了解這個事實，能讓你從折磨中解脫。這並不是要否定以往的人生經歷，而是要能夠抽離、綜觀全局。練習抱持平常心，才能造就平衡與接納。

6.自我憐憫

①現在溫柔地對自己敞開心扉。你可以想一個在生命中給予你無條件的愛，讓你感到徹底被接納的人，或是去感覺心臟周圍充滿溫暖與被關愛的感受。靜靜坐著，感受那份關愛與接納，同時緩慢地吸氣、吐氣。

②溫和地引導那份愛與關懷的感受，轉向你因爲執著於特定結果所帶來的緊繃感。記得，渴望獲得想要的事物、覺得需要掌控全局或是達成目標以換來安全感，都是相當自然的。

③在你回想被關懷、被保護與被愛的感受時，留意這些感受是如何出現並持續存在，而且無論在你面對順境或逆境時都不離不棄。這些感受訴說的對象是你的本質，那個在所有不完美、複雜性和人性中的你。

④靜靜坐著，沉浸在這樣的感受中：無論成功或失敗，你都値得被愛，你很好。你是脆弱、易碎的人類，你盡力了。同時也要知曉，對於和你親近的人而言，他們愛的是眞正的你。無論發生什麼事，都無法撼動你的本質。

7. 放下執念

①在你臣服於受到關懷的感受時，留意你對特定結果的執著是不是有所鬆動，使你承受的負擔減輕。你能不能讓自己對安好、價値和安全的看法不再被走上單行道的外在環境綁架？有沒有一種更深層次的安好能夠盈滿你的人生，無論結果如何都不動搖？

②體認到成功或失敗都只是暫時的結果，使你得以擺脫成敗的牢籠。

③現在繼續緩慢呼吸一陣子，感覺平常心與活在當下的驚人力量。

8.在潛意識中植入正面感受

①花幾分鐘沉浸在這些正面感受中。執著和掌控欲可能會再次出現。沒關係，只要不斷回想受到無條件關愛與呵護的感覺即可。

②在結束這次練習、逐漸回歸日常生活時，留意原先的執著有沒有以任何方式減輕或發生變化。或許你現在觸及了一種嶄新、富有創意且以往從未發現過的可能；或許利害關係不像先前以爲的那麼重大；或許你現在能稍微安心點，讓事情順其自然地發展，抱持平常心來迎接它們的魔法。

更多魔法

你已經來到這套計畫的終點。你是否察覺到自己和生活有什麼改變？你對於使用內在力量來集中注意力是否感到更加自信、對自己的目標也更加清晰？你原本面對的障礙是否變得沒那麼嚇人？你是否更能自然而然抓住機會？更容易觸及自己的熱情？是否更能放下執著，不再糾結於哪些事情非得以哪種特定方式發生不可？至少花十分鐘翻閱你的日誌，看看能觀察到哪些變化。

正如先前說過的，顯化是持續進行的過程。這六步驟會彼此影響、共融互通，並不是一條直線，而更像是一個圓環。敞開內心，接納自身顯化能力所帶來的魔法，可以使我們自然回歸最初重拾的那股內在力量。

顯化的本質是一種爲我們帶來福祉的修練，目的是爲了與生命和諧共處。這條路沒有終點，只要我們繼續呼吸、懷抱希望、面對掙扎、堅定不移，就是在顯化自己的人生。或許你會想回到這個計畫的起點重新開始，或專注在某個你覺得獲益良多或特別困難的步驟；又或是想暫時休息，單純隨順生活的步調前進。

無論你如何選擇，我都希望這些曾經對我助益良多的方法同樣可以造福你，爲你帶來所需的安全感、平靜感、情感連結與資源，使你能妥善照料好自己，並且敞開心胸，讓你的心施展它的魔法。

致謝

在撰寫我的第一本書《你的心，是最強大的魔法》時，其中一個重要主題顯然是「人能夠顯化自己的意圖」這個事實。我會發現這個概念至關重要，是因爲許多讀者在閱讀後紛紛留言，都希望能進一步了解這件事。不過，似乎有不少人對「顯化」眞正的意涵一頭霧水，也有很多人將其和宇宙或某種外在力量聯想在一起，以爲是這些力量能實現他們的願望，而且這些願望往往是爲了獲取財富、權力或地位，總覺得擁有這一切就能帶來快樂。許多提倡「吸引力法則」的人更是爲這種觀念推波助瀾，也等於是宣揚「只要擁有越多就會越幸福」的思維。事實正好相反，而且很遺憾，如果將這種觀念奉爲人生圭臬，最終獲得的並不是滿足，而是空虛和不快，與創造有意義、有目標的生活背道而馳，當然也與幸福的人生無緣。

身爲科學家，我想要探索的另一個面向，是人類如何透過神經機制將自己的意圖植入大腦，讓顯化得以發生。我因此踏上漫長的旅程，從歷史、哲學、心理學到神經科學都有所涉獵。除此之外，我也開始深入探索「自主性」的概念，以及每個人所擁有、能改變大腦的內在力量，而這帶我回到我在第一本書中探討過的許多事物。因此，我似乎走過了一個完整的迴圈。

起初產生撰寫本書的想法時，我先是和 Idea Architects 創辦人兼出版經紀人道格．亞伯拉姆（Doug Abrams）討論了一下，他表示熱烈支持，隨後我們共同寫下提案並交給凱洛琳．蘇頓（Caroline Sutton），她是 Penguin Random House 旗下 Avery 出版社的主編，我的第一本書就是出自他們之手，她也立刻表示贊同。我對她提供的支持、鼓勵與指導深表感激。

當然，要把一個概念轉變爲書並不是簡單、直接的過程。我必須先閱讀大量書籍與數百篇文章，深入研究這項主題背後的科學基礎。我的好友莫妮卡．布奇（Monica Bucci）醫學博士慷慨地協助閱讀大量書籍和文章、幫忙整理與摘錄相關文獻，在過程中也給予我寶貴的資訊和建議。此外，Idea Architects 也大方推薦亞歷山大．尼姆澤（Alexander Nemser）與我共事，他不僅幫我建構思路，更協助我將原本較爲枯燥嚴肅的主題轉化成引人入勝的敘事，把我告訴他的故事與科學相互交織、相輔相成。在此過程中，亞歷山大也成了我無話不談的好朋友。

我也要感謝我摯愛的妻子與人生伴侶瑪夏，我始終珍惜她對我的支持，她也鼓勵我推廣透過憐憫的力量來改變人生的理念。對此，我永遠心存感激。

Eurasian Publishing Group
圓神出版事業機構
用心與你對話・視野無限寬廣
方智出版社
Fine Press
www.booklife.com.tw reader@mail.eurasian.com.tw
方智好讀 179

精準顯化六步驟：用心智魔法練習幸福，實現你想要的一切

Mind Magic: The Neuroscience of Manifestation and How It Changes Everything

作　　者／詹姆斯・多堤（James R. Doty）
譯　　者／鄧捷文
發 行 人／簡志忠
出 版 者／方智出版社股份有限公司
地　　址／臺北市南京東路四段50號6樓之1
電　　話／（02）2579-6600・2579-8800・2570-3939
傳　　真／（02）2579-0338・2577-3220・2570-3636
副 社 長／陳秋月
副總編輯／賴良珠
資深主編／黃淑雲
責任編輯／溫芳蘭
校　　對／溫芳蘭・黃淑雲
美術編輯／李家宜
行銷企畫／陳禹伶・陳衍帆
印務統籌／劉鳳剛・高榮祥
監　　印／高榮祥
排　　版／莊寶鈴
經 銷 商／叩應股份有限公司
郵撥帳號／ 18707239
法律顧問／圓神出版事業機構法律顧問　蕭雄淋律師
印　　刷／祥峰印刷廠
2025年8月　初版

定價420元　ISBN 978-986-175-853-4

你本來就應該得到生命所必須給你的一切美好！
祕密，就是過去、現在和未來的一切解答。

——《The Secret 祕密》

國家圖書館出版品預行編目資料

精準顯化六步驟：用心智魔法練習幸福，實現你想要的一切 / 詹姆斯．多堤（James R. Doty）著；鄧捷文譯. -- 初版. -- 臺北市：方智出版社股份有限公司, 2025.08
320 面；14.8×20.8公分 --（方智好讀；179）
譯自：Mind magic : the neuroscience of manifestation and how it changes everything.
ISBN 978-986-175-853-4（平裝）
1.CST：自我實現　2.CST：想像　3.CST：成功法
177.2　　114007520

Mind Magic

The Neuroscience of Manifestation
and How It Changes Everything

Mind Magic

The Neuroscience of Manifestation
and How It Changes Everything